本著作为山东科技大学2020年思想政治教育研究项目："后浪"中的"键盘侠"现象调查及对策研究（课题编号：SZJYY-20073）、2021年山东科技大学国内访学项目的阶段性成果；本著作同时受山东科技大学马克思主义学院出版基金资助。

高校大学生思想政治教育的多维探索

高华　张艳亮◎著

吉林大学出版社

·长春·

图书在版编目(CIP)数据

高校大学生思想政治教育的多维探索 / 高华，张艳亮著. -- 长春 : 吉林大学出版社，2021. 11
ISBN 978-7-5692-9218-3

Ⅰ. ①高… Ⅱ. ①高… ②张… Ⅲ. ①高等学校 – 思想政治教育-教学研究-中国 Ⅳ. ①G641

中国版本图书馆 CIP 数据核字(2021)第 251810 号

书　　名　高校大学生思想政治教育的多维探索
　　　　　GAOXIAO DAXUESHENG SIXIANG ZHENGZHI JIAOYU DE DUOWEI TANSUO
作　　者　高　华　张艳亮　著
策划编辑　董贵山
责任编辑　张宏亮
责任校对　殷丽爽
装帧设计　王　斌
出版发行　吉林大学出版社
社　　址　长春市人民大街 4059 号
邮政编码　130021
发行电话　0431-89580028/29/21
网　　址　http://www. jlup. com. cn
电子邮箱　jldxcbs@ sina. com
印　　刷　天津和萱印刷有限公司
开　　本　787mm×1092mm　1/16
印　　张　12. 625
字　　数　226 千字
版　　次　2022 年 5 月　第 1 版
印　　次　2022 年 5 月　第 1 次
书　　号　ISBN 978-7-5692-9218-3
定　　价　72. 00 元

前　言

高等学校思想政治教育工作是提高我国高等学校人才素质培养，完善高等学校人才培养体系，提升社会主义高等学校的国际影响力的有力手段。而思想政治工作也是充满时代性的命题，每个时代都有其发展的特点。本书认为要在继承我国思想政治教育工作的传统方法和借鉴其他方面有益经验的基础上，结合目前思想政治工作现状和高等院校教育的特点，采用现代科学的方法，分析存在问题和原因，注重实践领域探索，尝试给出创新性建议。具体来说，本书围绕高等院校大学生思想政治教育的多维探索，从多方面出发，提出了相关建议，并作出一些具体的分析，希望可以对广大读者有所启发。

本书第一章内容为高等院校思想政治教育的概述，主要从三方面的内容进行了详细的论述，分别是高等院校思想政治教育的概念探讨、高等院校思想政治教育的发展、高等院校思想政治教育的现状分析。本书第二章内容是高等院校思想政治教育的理论探索，主要分为两部分的内容，即高等院校思想政治教育的内容、高等院校思想政治教育的价值。本书第三章内容是高等院校思想政治教育的实践途径，包括三方面的内容，即高等院校思想政治教育的理论指导、高等院校思想政治教育的途径分析、高等院校思想政治教育与家庭教育的结合。本书第四章内容是高等院校思想政治教育的创新发展，包括两方面内容，即高等院校思想政治教育创新方向探索、高等院校思想政治教育中多种资源的运用这两方面的内容进行分析。本书第五章内容是高等院校思想政治教育与辅导员，从高等院校辅导员队伍的探究、高等院校辅导员队伍建设路径分析这两方面展开。

在撰写本书的过程中，作者得到了许多专家学者的帮助和指导，参考了大量的学术文献，在此表示真诚的感谢。由于作者水平有限，书中难免会有疏漏之处，希望广大同行给予指正。

作者

2021 年 6 月

目　录

第一章　高等院校思想政治教育的概述

本章对于高等院校思想政治教育进行了一定的概述，主要从高等院校思想政治教育的概念探讨、高等院校思想政治教育的发展这两方面进行了论述，希望促使广大读者对于高等院校思想政治教育有一个初步的了解。

第一节　高等院校思想政治教育的概念探讨

思想政治教育特指无产阶级培养人的思想品德的活动①。高等院校思想政治教育只有随着社会的发展状况及时调整，做到与时俱进，与国家的发展相适应，才能更好地提升学生的思想道德素养。

思想政治教育的目标，就是指思想政治教育工作者根据社会的发展形式及需要，将教育对象的行为、思想通过教育活动在一段时间内达到预期要求。思政教育是立德树人教育的一个重要途径和形式，在我国教育中充当着重要角色。新时期高等院校思想政治教育应当充分发挥自身的导向作用，有意向地对大学生进行引导，让他们在接受和掌握信息的同时也能受到社会主流价值观的熏陶。

从国家领导者一以贯之的重要讲话中可以看出，实现国家在新时代的目标，必须充分发挥思想政治工作的生命线作用。高等院校有着“政治性”的鲜明特点，随着高等院校改革的不断深入，担负职能的不断调整，思想政治工作在实际开展过程中，还存在客观条件限制、参与者诉求差异、个体体验不足等问题，很大程度上影响着学生的发展，所以需要与时俱进地探索新的模式。同时，高等院校思想政治工作的开展与高等院校管

① 张耀灿，陈万柏．思想政治教育学原理［M］．背景：高等教育出版社，2001

理有着密切联系。由于个体的差异性，每个成员都会受到不同程度的约束和规范，这不仅需要靠规章制度，更需要思想政治工作进行意识形态的引领。对于群体而言，集体性行为高度统一化，同样不能只依靠制度，需要通过思想政治工作培养每个成员服从集体、服从大局的认同观念和自觉意识。

从国外研究高等院校思想政治工作的文献资料中可以看出，国外几乎没有思想政治工作的相关表述，关于与思想政治工作相似的检索词可以用"高等院校思想管理"替代，其研究主要集中在职业伦理、道德准则和组织文化建设三个方面的阐述和探讨。职业伦理往往与相关者的自我感受相联系，比如会邀请家庭成员参加学生的各种表彰仪式，由高级学生为优秀学生的家属致感谢词，通过这种互动模式，提升学生的荣誉感和自豪感；道德准则倾向于提倡个人价值的自我实现，比如大量强调自我管理能力、个人英雄主义，在欧美电影中这类价值取向也非常明显；组织文化建设倾向于提倡团队精神的培养，强调互帮、协作等，在个人英雄主义和团队意识之间会有较好的平衡点。

参考国外的相关经验，我国高等院校的思想政治教育也应该得到一定的创新性发展，在新的时代焕发出新的光彩。

第二节　高等院校思想政治教育的发展

一、思想政治教育课的总体发展

中华人民共和国成立后，我国开启了开办社会主义大学的实践，尤其是在 1952 年进行高等院校院系调整发展，开始了社会主义大学建设的新征程。之后，高等教育在经历了短暂地顺利发展之后，经历了一些曲折。1978 年之后，改革开放的基本国策让科教文卫发展迎来春天，高等院校办学逐渐步入正轨。高等院校思政课，承载着高等院校思想政治教育的功能，二者之间存内在在的高度一致性，因此，从思政课入手显然是具有针对性和科学性的，同时，对这一时期思政课历史的认识，又可以依据某些重要改革文件划分为以下几个阶段。

（一）1978 年至 1984 年

1978—1984 年应该属于高等院校思想政治教育重新步入正轨阶段。1966—1976 年这时期之后，各项社会事业步入正轨仍需时日，高等院校思政课建设还存在徘徊不前的问题。可以说，高等院校思政课建设首先需要解决的问题是，让全社会重新认识其重要性并确立其应有地位。

1977 年 7 月 17 日通过的《中国共产党第十届中央委员会第三次全体会议关于恢复邓小平同志职务的决议》指出：十届三中全会一致通过恢复邓小平同志中共中央委员、中央政治局委员、党委、中共中央副主席，中共中央军委副主席，国务院副总理，中国人民解放军总参谋长的职务①。这次会议决议的直接作用是邓小平同志得以第三次“复出”，重要的历史价值则是为之后的恢复高考、十一届三中全会拨乱反正工作的开展奠定了坚实的领导人选基础。高考制度的恢复与重建，为高等院校发展提供了源头活水。

1978 年 4 月，后人称之为“78 方案”的关于高等院校思政课建设发展的文件出台，即《关于加强高等学校马列主义理论教育的意见》，为我国高等院校思政课的恢复发展提供了一个良好的开头。② 从“78 方案”及其之后的几份政策文件的实践，全面展示了高等院校意识形态教育在重新确立阶段的基本情况。

这一时期，高等院校思政课统称为马列主义理论课，一系列文件、通知通过官方渠道重申了高等院校思政课的重要性。这些文件对高等院校思政课重要性进行科学的认识和系统的论述，成为社会各方认识高等院校思政课地位、意义的指导性思想，对于全社会从认知上认识高等院校思政课提供了权威保障，对这一阶段高等院校思政课的恢复，以及高等院校意识形态教育的发展产生重要影响。

此外，坚持教学上的拨乱反正；发扬理论联系实际的学风；坚持科学性和党性相统一的原理，这些教学方针是这一时期高等院校思想政治理论

---

① 中国共产党第十届中央委员会第三次全体会议关于恢复邓小平同志职务的决议. 1977 年 7 月。

② 教育部. 关于加强高等学校马列主义理论教育的意见. 1978 年 4 月。

课教学的科学方针。教学上的拨乱反正，不再对教师采取“上纲上线”的错误要求，对学术性问题的讨论采取开放的态度，允许不同声音的存在，包容不可避免的错误，不对教师随便扣帽子，这在思想上解放了教师的心态，对教师在教学活动中的主导地位起到了解放、激励的作用，使高等教育回归“本真”；学生学习上的理论联系实际，从整个教育教学发展的长远过程来看，这一方针无论在过去、现在甚至未来都应该被继承，因为理论的作用并不在理论本身，理论的力量要通过实践转化并作用于客观事物，而任何事物都是处于变化发展的逻辑过程中的，任何时间、任何地点，理论联系实际都是千真万确的处事办法；坚持科学性和党性相统一的原理，强调课程载体必须坚持科学性和党性的重要性所在。

（二）1985 年至 1997 年

1985—1997 年是高等院校思想政治教育的改革、规范阶段。伴随着我国改革开放的对内对外基本国策的实行，国外市场经济逐渐本土化发展，同时，域外思想、理论、价值观也逐渐进入我国，加上市场经济化下滋生的一些思想，使得国民意识形态层面呈现多元、复杂的状态，我国的高等院校思政课，作为意识形态教育的主干课程，并没有在内容上回应国民意识形态多元、复杂化的实际，教学方法也逐渐趋于定式，这些都不能有效面对新情况提出的新挑战。因此，高等院校思政课、高等院校意识形态教育改革发展势在必行。

首先，经过重新确立阶段的努力，理论及实践上取得成功，教育发展步入正轨并取得应有的进步。但是，新形势下社会主义市场经济发展展露出来的新问题使得思政课的改革势在必行。这些新形势新问题有“新自由主义”“历史虚无主义”等错误思潮随着国门的开放进入中国并学生、人民造成一定的影响；灌输为主的传统教学模式难以适应学生需求，未能达到有效教育效果；市场经济的冲击。思政课程并没有把这些影响因素及其造成的问题写入教材中，更没有应对和解决这些因素造成的问题的现成方法论，这些问题推动着思政课进行与时俱进的变革发展。

其次，高等院校全面开展大德育实践。理论教育事实上起着这样的作用，它为思想品德教育创造认识前提。可以想象，如果没有理论指引的思想品德教育，无论是方向上还是实效上都具有极大的不确定性。思想品德实践教育对理论教育具有反作用，它在一定程度上将理论教育具体化、可操作化，促使理论知识紧密连接实践并生活化，使学生在实际生活中感悟理论的被需要，从而自觉学习理论。

再次，大德育体系实现对专科、本科、研究生教育的全覆盖，着重强调了研究生层次思想政治理论课有关情况。

最后，强调理论性与实践性相统一，强调四项基本原则的科学指引作用。从20世纪80年代中后期到20世纪90年代末这一时期，国内出现的资产阶级自由化倾向对高等院校思政课建设提出新挑战。但是国家相关文件的出台和高等院校思政实践活动的开展，使得学生对自由化的实质及历史虚无主义的真面目有了清醒认识，达到了既降低消极影响又达成教育目的的统一。

综上所述，到1997年期间的一些有关决议指引着高等院校思想政治理论课在改革及规范化阶段取得巨大发展。

（三）1998年至2004年

1998—2004年，是高等院校思想政治教育反思发展阶段。1998年，为了适应改革开放及现代化建设形势、任务的变化，中共中央宣传部、教育部印发《关于普通高等学校“两课”课程设置的规定及其实施工作的意见》，即著名的“98方案”。[①] 在这一方案的指引下，高等院校思想政治理论课改革发展逐步深化。

与“85方案”较之，“98方案”可以说是真正实现了高等院校思想政治理论课设置的中国化，这一方案的最大特点是“邓小平理论概论”进入课程，实现了理论与实践在改革开放过程中的辩证统一，让时代理论育人，让时代的人实践理论。此外，在反思发展阶段，我们还应关注到中国特色社会主义理论思想中“邓小平理论概论”作为一门独立课程编入高等院校思政课课程体系，一方面，是党和国家认识到这一理论的理论来源和实践价值，是党和国家高度重视的结果，另一方面，这一课程作为对具有中国特色的社会主义建设出现的问题总结、经验累积上升至理论结晶层面，是高等院校学生成长所需的理论营养，因此，从确立为独立课程到实

① 中宣部，教育部. 关于普通高等学校“两课”课程设置的规定及其实施工作的意见. 1998年6月.

现“三进”，“三进”即社会主义核心价值观进教材、进课堂、进学生头脑，是社会客观实际与学生主观发展需求相统一的结果。当然，邓小平理论成功的“三进”启发了党和国家领导人，教育理论需要不断反映社会客观实际的发展变化。新时期孕育新问题、新问题呼唤新理论，以江泽民同志为核心的党的领导集体提出了“三个代表”重要思想，作为历届领导集体和人民奋斗经验的时代总结，同时对教育理论的充实有重要意义。

（四）2004 年至 2011 年

21 世纪，我国改革开放深入发展，社会意识形态、价值观多元、复杂仍然是客观存在的问题，在应对意识形态的问题上，我们阻止不了意识形态问题产生的客观必然性，但可以主观可为。在前一阶段建设的基础上，高等院校思想政治教育继续发展。

2004—2011 年是高等院校思想政治教育发展的支撑、前进阶段。2005 年 2 月中共中央宣传部、教育部发出《关于进一步加强和改进高等学校思想政治理论课的意见》，学界称之为“05 方案”。①

同“98 方案”相比，“05 方案”具有显著发展性，表现为：一是更具时代性。新课程体系主要以马克思主义理论中国化为教学的中心内容，既展现了教育内容的时代性又突出了马克思主义理论品质的与时俱进性。二是鲜明的科学性。新课程体系对于思政课课程的设置，使得课程建设有了有力抓手，为提高教育质量、实现教育目标奠定了课程基调。三是精简实效性。新课程设置科目对部分原有内容进行适当调整，减少了课程间内容的重复性、同质性部分，有效降低了课程内容冗余问题。

（五）2012 年至今

2012 年至今是高等院校意识形态教育的提升、巩固阶段。从十八大以来党和国家高度重视高等院校意识形态教育，因此，高等院校意识形态教育不断得以提升和巩固。

2010 年，我国完成了具有历史性意义的跃升，经济总量超过日本居世界第二，创造了”中国例外”的发展奇迹。国家领导集体极其重视意识形态工作，在讲话中屡提意识形态教育、建设的重要性。以史为鉴，历史从

① 中宣部，教育部. 关于进一步加强和改进高等学校思想政治理论课的意见. 2005 年 2 月.

来都不可能假设性的重来，都是事实性的展开，因此必须汲取历史智慧、避免历史覆辙，科学认识意识形态于国家、民族、个人都具有重要价值，思想上高度重视，行动上才不会出问题，才能坚持正确方向，保证不走弯路，同时使全体人民在这一生态中受到潜移默化、深远持久的塑造，充分发挥社会主义核心价值观对人的引导与形塑过程中的意识形态功能。

毫不讳言，学校思想政治理论课事实上发挥着意识形态教育的功能，国家深刻认识并科学定位了思想政治理论课的地位，这为全社会重视思想政治理论课打了一剂强心剂。有了体系的“森林”，才会有思政课繁茂的“树木”，方能做好教学工作，让思政课有趣而不失高度。可以说党的领导决定着思想政治理论课的方向、性质，只有始终坚持党的科学领导，才能确保思政课发展顺利进行。

此外，在这一阶段，党和国家高度重视高等院校思政课及高等院校马克思主义学院的建设。十八大以来，党和政府继续加强高等院校意识形态教育工作，筑牢思政课意识形态教育的主渠道、主阵地重要地位，把马克思主义学院建设成为高等院校思想政治教育、意识形态教育的“排头兵”，确保高等院校意识形态教育开之有效。

2015 年，《高等学校思想政治理论课建设标准》（以下简称《标准》）发挥了重要的指导作用。①《标准》在 39 项 3 级指标中，有 7 项核心指标尤为重要，其中组织管理就占据了核心指标 7 项中的 4 个，可见组织管理的重要性所在。《标准》强调：高等院校专项经费安排使用明确，专款专用，做好经费支撑；马克思主义二级学科研究依托单位建设，以及专业化教学队伍建设。

2019 年版本的《普通高等学校马克思主义学院建设标准》强调”马院姓马，在马言马的鲜明导向和办学原则年版本，强调把思政课谁来负责、思政课教师谁来管理、马克思主义理论学科谁来建设这一系列重要问题结合起来，明确责任主体，表明马克思主义学院责任主体身份，这对于高等院校思政课的发展、马克思主义学院马克思主义理论学科发展来说都是极为重要的，而其最重要的意义在于确保马克思主义理论教育领导权，由“姓马的人言马，信马的人讲马”，巩固马克思主义理论在高等院校意

① 教育部. 高等学校思想政治理论课建设标准. 2015 年 9 月.

识形态领域不可撼动的指导地位。①

高等院校马克思主义学院建设，是马克思主义具体问题具体分析的哲学智慧在实际问题上的运用，是对马克思主义学院建设发展普遍性的要求与特殊性情况的科学处理。当然，这也是中国特色社会主义制度优势在社会事业规划建设上的优越性展露，中国特色制度的优势，最显著的优势之一是具有长远性的战略规划能力，对政策持续性的执行能力，良好的政策制定基因加上人们一代接着一代干的实干传统，是每一项政策由理论转化为现实的决定性因素。

任何社会，都离不开社会性的引导，这种引导不是控制，而是避免其社会成员误入歧途，思想自由与社会主义制度之间不是斗争性的，而是辩证统一的。思想自由应建立在社会主义制度基础之上，作为社会成员，首先得认可、拥护社会主流意识形态，因为社会主流意识形态是个体和国家、民族这些共同体得以存继的精神因素，没有这些精神因素的滋养，个人就会像是行尸走肉，国家、民族也必将不能屹立于世界民族之林，因此，必须要树立起主流认同意识。当然，大江大河的存在并不否认小溪小河价值的发挥，多元化思想的存在具有其积极价值，只是它的有限作用的发挥不能抵触、消弭甚至与主流意识形态对抗。那么，如何在一个社会中树立起主流意识形态的权威呢？从高等教育的角度来看，统一教材、统一教育内容是重中之重，这将解释学生成为谁，学校是什么性质的，以及学生为谁服务这些最基本的问题。

此外，2012 年至今这一阶段教学改革由线下扩展到线上，因此，探索时代性并且经得起实践检验的教学模式、方法，无疑是当前高等院校思想政治理论课面临的一大挑战。目前，老教师、老教学法仍然起着中流砥柱的作用，而具备现代教学素养的新生代教师在各方面还尚不成熟。传统与现代之间在形式、思想之间的碰撞与融合，曾经的教学方法与现代教学法的冲突，都是对高等院校思政课改革面对的最实际的挑战。

---

① 教育部. 普通高等学校马克思主义学院建设标准. 2019 年 4 月.

二、思政教学内容发展变化的分析

（一）中华人民共和国成立至改革开放

在课堂教学的主要内容方面，通过观察研究这段时间的课程设置的变化，作者将教学主要内容大致分为了三个部分。一是马克思主义基本理论教育。中华人民共和国成立之初，政治理论课程设置了“社会发展史”“政治经济学”。之后根据马克思主义三个主要组成部分的主要内容进行课程设置。二是中国革命史教育。三是结合国家社会主义建设进行社会主义教育。1957 年“马列主义基础”课程改为融合了我国国情和特色社会主义理论的“社会主义教育”课程，1961 年，《改进高等学校共同政治理论课程教学的意见》提出“高等学校共同政治理论课应包括：马克思列宁主义基础理论和形势和任务”,① 1964《关于改进高等学校、中等学校政治理论课的意见》提出要将毛主席著作作为最基本的教材。② 至此，高等学校政治课程体系的基本内容包括：“哲学”“政治经济学”“中共党史”“形势与任务”等课程。

（二）改革开放至今

在这个阶段内，我国完善并发展了高等学校思想政治教育理论课。为方便对比研究，我们将这一时期涉及的高等学校思想政治教育理论课课程内容演变以表格形式呈现，如表 1-1 所示。

---

① 教育部．改进高等学校共同政治理论课程教学的意见．1961 年 4 月．

② 中宣部，高等教育部党组，教育部临时党组．关于改进高等学校、中等学校政治理论课的意见．1964 年 9 月．

表 1–1 改革开放以来高等学校思想政治理论课课程内容设置

课程名称	78 方案	85 方案	98 方案	05 方案
经典马克思主义理论课程	“辩证唯物主义与历史唯物主义”“政治经济学”	“马克思主义哲学”“政治经济学”或“马克思主义原理”	“马克思主义哲学”“政治经济学”	“马克思主义基本原理”
当代中国马克思主义理论课程	“中共党史”	“中共党史”或“中国革命史”或“中国特色社会主义建设”	“毛泽东思想概论”“邓小平理论概论”	“毛泽东思想和中国特色社会主义理论体系概论”“近现代史纲要”
思想品德课程	“形势教育”	“形势教育”“法律基础”“思想道德修养”	“形式与政策”“思想道德修养”“法律基础”	“思想道德修养与法律基础”“形势与政策”

关于课时规定。“78 方案”规定“马列主义理论课”每学期不少于 70 课时，“中国当代马克思主义理论课”每学年不少于 70 课时，“形势与政策”一般每学年不少于 10 课时。“85 方案”规定“马列主义公共理论课”的教学时数，文科一般占总学时 20%，不少于 105 课时，理工农医一般占总学时的 10%，不少于 70 课时。之后的“98 方案”和“05 方案”也对课时和学分分别作出明确规定。

最新文件规定针对 2021 年秋季入学的大学生，高等学校“思想政治教育理论课”课程开设较之前发生了一定的变化，将其中将原来的“思想道德修养与法律基础”调整为“思想道德与法治”。

第三节　高等院校思想政治教育的现状分析

一、当前高等院校思想政治教育特点

随着时代的发展变化和改革的纵深推进，高等院校的思想政治工作也发生了深刻的变化和调整。习近平总书记强调，要着力增强思想政治工作的时代性和感召力。对于高等院校来说，“政治性”是其鲜明的特点。在人员组成上，高等院校的教育人员以硕士以上的高学历人群为主体；在工作性质上，高等院校从事工作复杂且非单一化，主业在于科研的同时又要遵守高等院校相关的条令条例；在思想政治工作的参与度上，除了统一教育内容外，还要加强个性思政教学内容的探索。

开展高等院校思想政治工作创新性研究，首先要对高等院校教育实施者和受教育者现状进行分析。

（一）相关主体方面的特点

高等院校是以高学历人群为主体的一种教育形式。与小学、中学的不同主要有以下几点：在人员结构上，不同于常规学校按比例混编，高等院校教育人员为高学历人群，占比较高；在工作性质上，高等院校主要以科学研究为主，常规性、重复性训练相对较少；在学历要求上，硕博以上的高学历人员占比逐年上升，学历已成为高等院校准入门槛的必然要求；在年龄层次上，高等院校较为注重人才保留，人员流动性慢，骨干力量集中在 35 岁至 40 岁年龄段内。高等院校特殊的结构特点，使得开展高等院校的相关人员的分析具有很强的必要性。

1. 教育人员的思想状态稳定

从价值取向方面看，整体看高等院校教育人员的思想状态比较稳定，在大是大非的问题上有较强的政治定力，政治觉悟较高。价值取向的塑造得益于高等院校长年累月、较为系统的政治教育体系，更在于教育人员在不同成长阶段逐步累积的认知经验。在高等院校，思想政治工作按照上级统一的要求开展，但对于教育人员理想信念、道德观、价值观的塑造更为具体化，例如爱国主义教育，往往以实地见学的形式开展，比如结合大型任务、特殊节日活动等；同时考虑到教育人员学历结构层次，在政治教育上更趋向于灵活化，一人一事的谈心教育模式渐渐将取代统一集中教育模式。

2. **教育人员职业规划面临挑战**

在职业规划方面，教育人员和学生都面临着不少的挑战，从教育人员的情况来看，他们对于自身的职业前景无法做出合理的规划，比如教师换岗问题，由于种种原因导致岗位人员缺乏，则必须由其他岗位人员补充，因此部分人员不得不放弃原有岗位而转岗，这对职业规划相当不利。比例的限制导致很多中年优秀骨干因无法晋升而选择离开，不合理的人才评价体系无法很准确地对教育人员量化评价，加之目前的高等院校改革尚未完成，这些现实矛盾催生了很多不确定性的同时，也困扰着教育人员进行长远的职业规划。

相似的问题还有对于学生的职业教育情况，就业模式所带来的学生所学专业与所从事岗位不符合问题也较为突出，相当一部分学生在参加工作后重头起步。这对于学生的思想政治教育是十分不利的，很多学生会觉得学校的思想政治教育在今后的工作实践中将会没有用处。

3. **学生的心理问题的出现**

很多大学生都在大学阶段出现了一定的心理问题，同时也具有了更强烈的本领恐慌。心理问题诱因较多，而且不易于发现，一旦出现表征就已经发展到较为严重的状态，所以关注教育人员和学生的心理健康，开展心理健康教育，给予心理健康指导和关怀，是每一个高等院校思政工作者应重点关注的问题。

4. **学生的生活方面的变化**

很多高等学校的氛围较为浓厚，管理正规但不封闭，学生有很多时间基本可以自由支配，所以学生的生活理念比较开放，在合理范围内较为关注自身的生活品质，比如随机对 25 名学生使用手机情况进行调查，一年内更换手机的有 13 人，手机使用超过三年的只有 4 人。同时学生的思想活跃，对网络游戏、电影、外卖等新鲜事物接受较快，所以思想政治教育工作者必须要正视现状，并基于此开展思想政治工作。

（二）高等院校思政教育的时代特征

随着国内外形势的不断变化，我国的时代任务不断变化，高等院校的地位不断提升，坚定地在党的领导下保持着旺盛的活力和蓬勃的生命力。目前国际形势复杂，只有加强理论层面知识的学习，才有可能的未来的竞争中具有优势。同时，如今的矛盾问题，在于网络上传播的不良思想，高等院校思想政治教育还需要坚持不懈地与网络上的反动言论、错误思潮和灰色段子做斗争，要坚决抵制，绝不能让错误想盛行。

如今，高等院校思想政治教育强调要”真”。将工作做到心坎上。以实动人，要求思想政治教育者将所学、所想、所讲、所做有机统一起来，做到学用一致、知行合一、言行统一，当好学生的“排头兵”。对于从事科学研究的高等院校，“两弹一星精神”是其思想政治工作的最好凝练和概括：一是热爱祖国、无私奉的献精神。例如，参与整个”两弹一星”工程的科研人员都是怀抱着一颗爱国心，不讲条件、不讲困难，毅然决然走进了戈壁试验场，从此隐姓埋名，硬在青海的西海镇建设成中国第一个核武器基地，也让我国成为拥核大国，形成了强大的战略威慑，为后续经济建设打下了良好基础。二是自力更生、艰苦奋斗的精神。在原子弹研制过程中科研人员从无到有，白手起家，从基础理论开始，用简陋的计算器和计算尺通宵达旦进行计算，正是靠着这股不服输的拼劲，我们走向了成功。三是大力协同、勇于攀登的精神。“多人一杆枪、万人一门炮，”两弹一星”研制过程中大量的工作需要团队共同配合完成，依赖于集体的智慧、整体的效率和创造力，更依赖于工作人员思想的高度统一。虽然老一辈科研人员的思想觉悟是由内而发的，但必须要肯定思想政治工作在整个系统工程中的重要性，包括工作人员的思想发动、定期的谈心交心、长期的心理疏导等工作的开展，都为整个事业的成功奠定了坚实的思想基础。

如今，高等院校思想政治教育的特点还表现在以下方面：一是强调将精神培育、理想信念教育、法治教育等内容进行本土化，以内容的创新来拓宽学生的视野，提升教育的档次和质量。二是强调要创新教育理念，以更富活力、更具生机的方式满足学生所思、所想、所需。三是强调要创新教育方式，借助社会、家庭、院校等，挖掘更为优秀的教育资源。四是强调讲好大道理、正道理、实道理。

二、当前高等教育院校思政教育问题

（一）社会思潮的竞相登场

改革开放以来，不仅国外先进的技术传入我国，各种社会思潮也不断地涌入。高等院校学生正处于世界观、人生观、价值观形成的关键期，各种社会思潮的竞相登场，直接考验大学生明辨是非的能力，影响大学生的文化认同。

1. 各种社会思潮的不利影响

各种社会思潮的涌入在某种程度上威胁着高等院校学生的文化认同。诚然，某些思潮关于市场经济的论述将“诚信意识”提到了新的高度，大学生在日常交往中具有较强的诚信意识，无论是勤工俭学还是创业，基本都会按照市场经济秩序，讲究诚信，为更好地进入社会打下了较好的基础。但其倡导私有化、市场化、自由化，对大学生的金钱观、消费观等产生了消极影响。部分大学生的思想越来越自私，将金钱放在第一位，盲目追求自身利益的最大化，进而迷失了人生方向。比如，一些大学生不考虑家庭经济实力，盲目追求品牌，大肆购买奢侈品，攀比心理严重，进行炫耀消费。近年来，“校园贷”“裸贷”、电信诈骗等在大学校园并不陌生，少数大学生甚至因无力偿还高利贷而付出昂贵的代价。

我们可以看到，在大学生群体中，麦当劳、肯德基在我国很受欢迎，欧美大片受学生追捧。这些行为表征着我国当代大学生对西方文化认同的增强，甚至产生一定的依赖。在多元文化冲击下，青年学生作为社会的栋梁，若对本土文化陌生而盲目崇拜西方文化，将对我国社会安全造成严重的威胁。

2. 主流意识形态被弱化

处于社会转型期的当代中国，迫切需要正确的价值观念引领社会的发展。而一些错误的思想价值观念在不断地冲击我国主流意识形态，阻碍了正确的价值观念的形成及发展。这些不良社会思潮给高等院校的人才培养带来极大挑战，甚至影响了高等院校人才培养的质量。

互联网方便快捷、门槛低、时效性强、参与度高、具有直观性等特征。大学生虽具备了一定的理论思维，但仍不够理性成熟，尤其是现代大学生逐步进入读图时代，他们对理论性的文字并没有太多兴趣，反而喜欢关注图文并茂的信息及娱乐性的视频。一些不良社会思潮利用学生的这些特点，制造一些虚假的图片或者错误嫁接事实，来增强其真实感来迷惑学生，冲击高等院校校园主流意识形态的话语权。最后，某些别有用心之徒在网络上大肆制造、渲染社会矛盾，并在高等院校传播，干扰主流意识形态的价值导向。

4. 全球化增加高等院校思政育人难度

全球化最初是从经济领域开始，但却不仅仅单指经济的全球化。经济全球化直接或间接带来了国与国间政治、文化等的交流。当前全球化已成为我们无法回避的时代潮流，在给我们带来诸多便利的同时，也带来了挑战，尤其是对思想领域的冲击较大。

影视大片也是文化传播的重要工具之一，外来影片中一些错误思想观念的涌入，如“拜金主义”“享乐主义”等，使得部分大学生产生较为严重的不劳而获思想，企图通过各种急功近利的手段过上美好生活，盲目追求名牌效应。大肆消费、超前消费在青年群体中较为盛行，抛弃了中华民族长期以来艰苦朴素、独立自强的优良传统，并在中国社会产生不良影响。这就使得高等院校的思政育人遭到前所未有的挑战和威胁。

5. 新问题干扰马克思主义指导地位

改革开放40年来，在经济全球化、现代信息技术等的冲击下，思想领域出现了一系列新问题、新挑战。首先，“普世价值”等不良社会思潮与对国主流的思想形态造成一定的影响，并借助各种手段在高等院校渗透。部分高等院校负责人片面地将学校主要任务放在教学工作上，对思想文化领域的教育重视不够，常常通过做一些空洞的文章应付了事。虽然也有专家学者套用马克思主义经典著作，大搬中央文件，但写出来的东西单调乏味，很难激发大学生的兴趣，甚至在部分高等院校出现“文化圈地”现象。还有部分高等院校管理者对新问题的认识不足，尚未采取强有力的举措，也未能健全高等院校党委的统一领导。这些问题不仅给高等院校思政育人带来不良影响，也会影响国家政治安全。

（二）社会主要矛盾的变化带来的问题

1. 不平衡、不充分发展问题

马克思主义关于共产主义的设想是奠基于社会形态变迁客观规律之上的，从一定意义上来说，共产主义制度的魅力不仅对人们造成事实上的吸引，更是凝聚人们对社会制度认同的决定因素之一。但是，从社会形态发展的过程性来看，社会主义初级阶段是共产主义的低级形态，存在着复杂的长期性挑战和阶段性问题。

十九大报告在对我国发展的历史方位作出回应的同时，也对新时代我国社会主要矛盾变化给出与时俱进的凝练论述，即人民日益增长的美好生活需要和不平衡不充分的发展之间的矛盾①取代1981年中共十一届六中全会关于社会主要矛盾的论述。历经改革开放四十余载的奋斗，社会生产力领域发生巨大革命，部分领域社会生产力世界领先、部分领域同等于世界平均水平，横向来看，农业、工业、信息高科技生产共存于一个国度，我国已然成为具有最完整生产链条的国度。但是，经济社会的全面发展不仅在制造、引导着新的需求的出现，同时，建立在经济社会全面发展基础之上，人们的需求呈现爆炸性增长，无论是种类的多样化还是层次的高质量，都对我国现有的社会生产水平提出挑战。总体看来，宏观上的供需矛盾仍将长期存在，这样的社会现实，使得部分高等学校师生“只见树木不见森林”“只见局部不见整体”一定程度分流了制度优越性认同。

2. 培育认同感方面存在很多不足

培育认同是意识形态教育的价值旨归所在，在新时代的中国社会生态里，意识形态教育的价值旨归就是旗帜鲜明的培育“五个认同”意识②，筑牢中国特色社会主义事业的精神高地。现阶段，我国仍然存在，部分社会问题仍有可能长期存在，这些问题是造成认同问题的主要因素。

首先，经济上存在的问题。其一，市场化造成的城乡差距、地区差距及悬殊的个体差距问题；其二，市场化发展带来的社会资本化倾向；其

---

① 中国共产党第十九次全国代表大会. 2017年10月.

② 中国共产党统一战线工作条例（试行）. 2015年5月.

三，市场化发展造成的拜金主义、享乐主义、极端个人主义等问题。这些经济场域存在的问题与共同富裕目标之间的冲突，在短期内解决的难度相对较大。

其次，政治领域仍需继续发展。反腐高压常态化背景下腐败问题仍然存在，腐败作为政治毒瘤消除仍需接力。

再次，与政治经济世界地位不相匹配的世界文化影响力。我国欲增强世界话语权，必须打造好的文化产品，提升中国文化的竞争力，增强文化自信。

最后，部分社会问题逐渐显著。出现于资本主义社会的平行社会现象在我国出现苗头，阶层固化并没有因为市场经济发展而消。我们生活的社会，仍然还有诸多社会问题，这些社会问题，对我们社会主义建设具有一定的影响，是造成认同资源流失的现实因素。

3. 部分教师缺乏认同

目前，部分高等院校教师缺乏理论认同、政治认同和情感认同，使得马克思主义在高等院校的指导地位尚未受到足够重视。

首先，理论认同不强。一些学科课程中不讲授马克思主义的相关内容，部分学校的管理人员对从事马克思主义教育工作的教师和研究人员不够重视，对马克思主义的理论认同缺乏。

其次，政治认同不强。当前部分高等院校教师缺乏强烈的政治认同，对高等院校的职能认识不清，受功利主义价值观影响，过度追求个体利益，偏离了社会主义办学方向。比如，部分高等院校教育管理者缺乏政治信仰，以权谋取荣誉、职称、奖项、项目等，弄虚作假，扭曲是非，在社会上造成恶劣影响。

最后，情感认同不强。2004 年，我国将“马克思主义”设为一级学科，“马克思主义”学科的教授及学习马克思主义专业的学生的规模不断扩大。但很多人只是把马克思主义作为获取个人名利地位的敲门砖，而对马克思主义缺乏强烈的情感认同。在课堂上，有些高等院校教师照本宣科，将马克思主义教条化，严重影响学生对马克思主义的情感认同。

“师者，传道授业解惑”“名师出高徒”这些俗语都诠释了教师的重要性，事实即是，在所有外部教育条件配备的前提下，教师是整个教学过程、教学实效性的掌控者，教师个人学识水平的高低、个人魅力大小决定了课堂氛围和学生对教学课程的认知，进而左右学生对教学认知的好恶，最终直接影响教育效果的达成，这也决定了师资队伍建设在整个教育发展中具有极其重要的地位。

（三）高等院校自身的不足

高等院校自身的不足体现在“三不”现象的存在，即“不愿抓”“不敢抓”“不会抓”。

第一，不愿抓。部分高等院校教育管理者没有认识到思想政治教育工作的全局性和战略性意义，在思想政治教育工作上职责分工不明确，缺乏常态化的工作机制，以至于在出现问题时互相推诿，互相指责，不愿承担责任，甚至根本不重视思想政治教育工作中存在的问题。

第二，不敢抓。一些高等院校教育管理者在面对学校内部和社会上的错误言论时，因害怕得罪人而采取漠视的态度，不敢坚决抵制错误言论，更别提积极引导学生树立正确的思想观念，导致一些错误的思想流入高等院校。部分高等院校教育管理者不敢对这些行为进行批评教育，在思想政治教育工作中显得软弱，给不法分子以可乘之机。

第三，不会抓。在新媒体、自媒体的助力下，高等院校日渐成为各种思想的碰撞之地。思想的繁荣固然彰显了高等院校的科学研究、文化传承与创新、国际交流与合作等职能，但也给高等院校的管理工作带来挑战，高等院校教育管理者需改变工作方法，创新工作手段，以更好地适应文化融合带来的挑战。然而，部分高等院校教育管理者在思想政治教育工作上忽视了工作方法的创新，思想政治教育工作缺乏有效性。具体体现在以下几个方面。

一是教育目标与社会脱节。教育目标是关乎将大学生培养成什么人的关键问题。目前，高等院校教育目标的制订是在以教育部相关学科建设的规章制度要求下，进行的目标达成度，对学科发展及学校发展规划的因素考虑得比较多，对服务社会意识的注重程度明显不够。高等院校教育的目标是促进学生的全面发展，但学生的发展往往依托学科专业建设，无暇顾及思想政治教育与社会的真正契合度，导致学生的发展与社会脱节的现象时有发生。面对经济全球化的冲击，西方价值观念的影响，部分学校急功近利，只关注眼前利益，只注重与其学校发展有直接关系的专业发展，教学目标偏向功利化、短视化。

二是教育内容与社会脱离。教育内容是决定大学生如何培养的关键环节。高等院校进行教书育人工作，教育内容有着严格的程序规定与制度标准，但是与作为教育对象的学生迅速发展的思维来说，教育内容的更新速度比较迟缓，有些思想政治教育内容已经脱离了社会前沿内容，没有办法对当前国际国内重大问题、热点问题和敏感问题进行及时的反应，对学生的吸引力不够。枯燥的理论教育引导往往脱离社会现实，学生容易产生消极情绪，而且导致学生注重程度明显不如专业课程，不利于思想政治教育效果的有效体现。

三是教育方式与社会脱位。教育方式是推动大学生综合发展的平台。教育方式要想能够引发共鸣，就必须要贴近生活，贴近学生，贴近时代。现阶段，虽然各高等院校针对思想政治教育工作进行了许多尝试，如建立班级微信群，采取校园文化、社会实践等形式丰富的思想政治教育的形式，可是这些教育方式在创新方面依旧比较缺乏。高等院校进行思想政治教育仍然以进行课堂说教为主，其他形式只能作为补充开展，教师开展活动频率较低、学生参与度不高，与社会之间的切合度也不高，仍然有较大空间可以挖掘利用。

四是教育评价与社会脱钩。教育评价是检验大学生是否培养成才的审核环节。思想政治教育本身具有批判的功能，形成的教育评价最终目的是要促进大学生的全面发展，实现大学生的个人价值与社会价值的双提高。但是从目前的情况上看，教育评价往往流于形式，模式化的教育评价往往对学生没有激发作用。大学生本身对思想政治教育的热情度不高，如果评价机制过于死板、僵化，对学生的教育评价“一刀切”，无法体现学生的个性特点，会阻碍大学生参与思想政治教育活动的积极主动性。目前高等院校思想政治教育评价由任课教师来进行操作，社会参与度较低。特别是针对社会实践、社会公益活动等评价几乎与社会评价脱钩，评价不全面、不客观。

（四）其他方面的挑战

在思想政治工作的参与度上，除了统一教育的规定内容，还必须有针对性开展自选内容。在高等院校开展思想政治工作必然要从其性质特点出发。

1. 客观因素带来的现实挑战

（1）东西方实力的悬殊带来的挑战

如今各国之间逐步呈现出既相互竞争，同时又相互联系、相互依存的关系。当前我国仍然处于社会主义初级阶段，和西方国家的生产力相比仍然存在差距。

（2）教育着力点的不同带来的问题

如今在“重学历”的招聘环境影响下，目前大学生在选择专业及学习的过程中呈现出重视科技忽略人文、重视工具理性轻视价值理性的现象。从学校层面来讲，学校与学校之间的竞争往往还是主要看智育成果，比如学生获得科技奖、人文奖、技能竞赛奖的多少。在现实的实践教学环节，往往以知识与技能传授为主，轻视思想政治教育和品德培养，促使德育普遍流于形式。现在，在国家的提倡下，学校普遍开始倡导德育为先的育人理念，但面临人才培养考核、教学评估等具体工作时，部分高校依然存在“做起来次要，忙起来不要”的问题。

（3）时代变化带来的全新问题

伴随着改革开放与经济一体化的发展，世界各国之间的交流与接触更加频繁。互联网技术的发展也为大学生获取、传递、编辑信息提供了平台优势。网络信息传播基本是无国界的，一些错误的思想通过互联网得以迅速传播，影响了大学生的思想和价值观念，进而对以马克思主义为核心的主流思想产生巨大的冲击。

信息时代是一把“双刃剑”，学生在享受轻松获取信息的同时，却无法有效辨别、甄选有用信息，海量的信息一股脑地灌入学生思想，为思想政治工作的开展带来了新的问题和考验。

首先，互联网带来多维评判标准，在互联网上，往往舆论开始发酵，当事人或相关部门还未察觉，导致出现“真相还在穿鞋，谣言已经在满世界乱跑”的情况。出于大家的猎奇心理，一个负面舆情的杀伤力往往比上百个正面宣传更容易被大家认可和接受，即使漏洞百出，但很多网友还是愿意去探究，甚至有些不怀好意之人在主流媒体辟谣后还要进一步造谣真相“被和谐”。

其次，多元化的信息时代，相同的知识内容，学生可以通过多种渠道获取所需信息，而不仅仅受限于单一的由教育者和管理者提供。例如，在互联网或视频网站搜索“十九大精神解读”的相关内容，得到的结果几十万条，而且其中很大一部分都是著名专家和学者的解读。另外，在手机的APP软件中，“人民日报”“解放军报”等权威媒体客户端都已经实现了全版面覆盖，学生可以随时随地获取所需信息，从另一个层面看，目前的政治工作必须要具有独特的切入点，而不能仅仅是简单“借挪拼凑”内容，如果不能很好地结合国际的形势变化和实际特点，不能很好地贴合基层热点、敏感问题、学生切身利益，就难以吸引学生眼球、拨动学生心弦、获得学生的认同。此外，评判一个教育者和管理者合格与否，并没有明确的指标和量化标准，更多地依靠学生直观的感受和评价，包括主题是否鲜明、内容是否丰富、方式是否灵活等，所以说这也存在着一定的问题。

可以说，思想政治教育工作持续推进，信息技术的不断推广，互联网和智能手机在高等院校内大量普及，使得高等院校学生的思想更加多元化。如今很多学生逻辑性强，对问题的理解和分析有着个人独特见解和看法，进一步加强高等院校的思想政治工作研究具有现实性、必要性和时代性。

（4）理想与现实造成的一些冲击

中华人民共和国经过几十年的发展，社会、经济、文化等各方面均取得了突出的成绩，但是在取得成绩的同时，也存在一系列的问题，其具体表现在城乡差距、东西部差距、不同社会人群之间的差距进一步扩大。国家虽然也采取了一定的措施来改变此种形势，但到目前为止，还没有找到一个强有力的政策能改善这一趋势。社会公正、公平与经济效益产生失衡，预期收入与实际收入之间的差距，以权谋私、腐败等问题的存在还应得到广泛的重视。与此同时，当今社会竞争压力逐步增大，大学生面临严峻的就业形势、学习压力、生活压力，为了应付这些，学生只能不断提升自我。而当他们面临“所接受到的理论与现实情况不同”“说和做不一致”时便会产生迷茫和失望的情绪。

（5）检验思想政治教育效果的方法不足

在调研访谈过程中，无论是思想政治教育者还是学生，对政治工作效果检验的方式都颇为反感。目前，上级检查教育效果，往往是“三套马车”，一是教育教案；二是教育笔记；三是现场提问以及考试。检查往往时间有限，教育效果的好坏往往就是一份教案、几本教育笔记和随机抽查的几个问题所决定。在调研过程中，有超过半数的人认为，政治工作的最终目的是管住思想，而不是流于形式。检查高等院校思想政治工作开展的好坏，除了笔记、教案、提问等，更应该结合一个学生有没有完成任务和学生凝聚力等多方面去考量。有一名受访者甚至举例认为，往往教育笔记做得最完整细致的人，一定是工作最不饱满的人。当然，这种说法有失偏颇，如果按照该受访者的理论，是否也可以反推出教育笔记做得最不好的人，工作一定很辛苦？这样的对比从一个侧面反映出思想政治工作还未达到有机融合，互相印证的程度。

2. 主观因素带来的现实挑战

在高等院校，思想政治工作中存在时间、地域、思想政治教师自身能力、思想政治骨干发挥作用等方面的现实挑战。这些方面的因素更多的是体现了主观因素带来的现实挑战。

（1）时间利用的有效性还需加强

政治教育、谈心交心等思想政治工作，无论是单向传授还是双向交流，教育效果是与开展时长呈正比关系的。从目前的要求看，思想政治教育工作，各高等院校可根据自身情况自行调配，但是应该充分保证教学时间。

（2）高等院校教师自身能力亟待提高

高等院校思政教育管理者主要是干部和其他行政人员转行。俗话说“隔行如隔山”，校思政教育管理者转行后对政治工作要从头学起，有些理论自己都不够了理解，因此只能照本宣科；有些问题自己都一知半解，讲起来只能似是而非；有些政策自己都解读不清，执行下去自然是怨声载道。同时，部分思想政治教育者同时还要分管其他多项工作，精力上也很难顾及全面。

（3）工作互动存在不可控性

在与学生的互动中，如果思政教育者没有做好引导工作，很容易造成教育的反效果。比如在讨论一些管理案件的时候，一些学生往往会从社会因素、生活环境等方面去解读，而忽略了案件当事人自身的原因和问题，在这种讨论中，负面的互动更能引起大家的兴趣和热情，所以在开展互动式教育时，需要思政管理者做好充足的前期准备工作，尤其是对可能出现的非主流观点提前想好应对策略，尽量在其观点抛出时就给予回应和引导，让整个讨论向主流观点靠拢。

（4）学生群体存在的诉求差异

在高等院校，学生的问题是制约思想政治工作开展最为核心的因素。反过来讲，思想政治工作本身就是为学生而服务的，其核心目的就是解决学生的问题，看似很矛盾的表述，但中心思想是统一的。

一是年龄结构导致的诉求差异。不同年龄对思想政治教育的需求不同。很多年纪较小的大学生对教育时间的期望最小，对教育内容持“无所谓”的态度居多，对教育方式则有更高的期望和要求。这反映出年轻人对政治教育的基本态度——短小、精干、要点突出、形式活泼。此外，还有一些大学生对教育时间基本没有诉求，认为目前的教育时间比较合理。对教育内容则认为过于刻板，应该加入一些时事政治或舆论热点问题的讲解和解读，对教育方式没有过多要求。这反映这部分来学生对政治教育的基本态度——深刻，有吸引力，贴近时事。由此可见，思想政治教育者对政治教育的实施时间、选题内容、教育方式的把控，显得尤为重要。

二是学历层次导致的诉求差异。高等院校教学人员学历层次普遍偏高，随着改革的深入，高学历人员将成为高等院校的主流人群，不同学历层次在人生观和价值观的培育上有较为明显的区别。但不同年龄、学历层次对政治教育需求也存在一致性，常规类型的教育吸引力已不是很大，更多地需要思想政治教育者与时俱进地将当下舆论热点和前沿信息知识融入教育中，增强政治教育的时代性。同时可以关注到，心理健康教育在整个排名中高居第三位，说明心理健康问题已成为大家比较关注的热门话题，在和大家的谈心交心中，心理健康也多次被提及。如今很多大学生标准高、责任重、压力大，不少学生反映经常会有失眠、紧张、焦虑的情绪，所以针对目前的学生问题，更需要有针对性的心理疏导和情感关怀。

三是性别差异导致的诉求差异。性别差异性的问题也是一个值得关注的因素，尤其在高等院校，相对体能性工作较少，脑力性工作居多，这些年很多高等院校的女生比例逐年上升，所以在政治教育问题上，要充分考虑女生的特点，在教育中给予女生更多表达意见的机会，不是只作为一个聆听者。

（5）学生主体的学习体验存在不足

从目前来看，思想政治工作方法比较单一，我国针对大学生的思想教育更多地采用教师讲授、学生听课的灌输说教式方式。教育者按照教材机械地照本宣科，对所受理论的实践指导性关注不够，再加上教师为了能够按时完成授课计划，以及学院为了完成人才培养方案中规定的学时，实行大班或者合班授课，如此便成了教师上课讲理论、学生课上做笔记、考试之前背笔记、考试考笔记，理论完全脱离于实际，学生感到所学到的知识没有任何现实的指导作用，缺乏运用理论分析和解决问题的能力。因此，这便很难触及学生思想观念层面，学生更像是一条生产流水线的“产品”，通过学校标准化的生产方式进行生产，制造出来的便是一个缺乏个性、缺乏创造力、没有自己独立思考能力的冰冷的“产品”。与此同时，灌输说教式的教育还容易引起学生的反感，造成学生的逆反心理，进而失去教育的效果，反而为错误思想的渗透留下了一定的空间，给以马克思主义为核心的社会主义主流思想带来威胁。

（6）主体教育意识不同带来的挑战

我国高等院校在思政育人的过程中，大多采用“主体—客体”，也即“教育者—受教育者”的教化模式。这种模式虽然有其固有的优势，但却用对待“物”的方式来对待“人”，除了具有单向注入的特点外，还拥有强制性和命令性等特点。在这种意识主导下的思想教育虽然能够进入受教育者的头脑中，但是因客体缺乏自主性及选择性，严重挫伤受教育者在教育过程中的主动性和积极性，更有甚者会导致教育内容入脑不入心。在现代教育理念中，凡是忽略受教育者主观性、潜在性及复杂性的方式与做法，都将不能真正达到教育的目的。当代大学生生活在一个信息开放、爆炸的时代，在日益开放的环境下，他们能够通过多种渠道获取自己想要的信息，主体意识、自由意识都在逐步增强，意识形态教育应该紧跟时代与社会发展的步伐，采用双向互动模式，在调动广大学生学习积极性与主动性的同时，对其加以引导，把控方向。

三、提升高等院校思想政治教育效果的要求

（一）树立好教育目标

教育目标要因时制宜，服务回馈社会。高等院校教育的目标是培养人才，培养为社会主义社会服务的全面发展的人才。不管是长远目标还是近期目标，高等院校发展的最本真的诉求就是通过教育实现人才的可持续发展和全面进步。大学生的全面发展，一方面，要实现自我的个体发展，包括独立适应社会的能力，主动参与社会的能力与利用专业知识技能实现创新自我价值的体现；另一方面，大学生要实现服务社会的目标，包括促进社会整体的有序进步，社会资源的规范供给和社会人员的合作共赢。高等院校思想政治教育应当注重实现大学生自我发展与社会发展的双向融合。高等院校思想政治教育的目标一定要因时制宜，符合时代发展要求，符合大学生全面进步的诉求，符合社会经济、政治、文化等多元需求，实现对人才的全方位提高，以期最大成效地服务社会、回馈社会。信息化社会的今天，社会对人才培养提出了更高的要求，因此高等院校在制订教育目标时，在对大学生自身发展要求重点考虑的同时，更加应该与时俱进，明确社会对人才目标的要求，才能更好地回馈社会和服务社会。

（二）设置好教育内容

教育内容要因人而异，体现融合性，具体来说，主要包括以下两方。

第一，注重因人而异，体现学校与社会的融合程度。教育内容一定要有针对性，注重在进行思想政治教育过程中的学生群体中的个性差异，这才真正做到因人而异。这要求教师在教授思想政治教育内容时，多考虑新时代社会发展的实际情况，多考虑新时代大学生的实际情况，多考虑新时代高等院校服务社会的实际情况。社会资源是高等院校思想政治教育非常丰富的资源宝库，当地的爱国主义基地、实习实训基地、实践拓展基地等都具有思想政治教育价值，高等院校应该对其进行有效的利用及合理的安排。

第二，要注重因地而异，体现高等院校思想政治教育对社会融合的广

度。高等院校所处地区都具有独特的地方资源可以有效利用，一方面，大学生可以了解地方文化，深入实践基地、深入社区、深入工厂等，为大学生了解、接触社会提供有利的渠道。高等院校在发挥服务地方的社会化功能的同时，社会对高等院校思想政治教育的影响力也在逐步加深。社会资源的共享性，有利于大学生在网络平台了解更多的社会现象，深化对我国社会发展变革的正确认识。另一方面，大学生在接受思想政治教育过程中实现服务地方发展的目标，最终促进地方发展与高等院校大学生的共同进步。社会的进步是由一代代人通过所学知识技能推动的，前提就是大学生要具备良好的思想道德素质和政治觉悟才能学有所用，发挥所长来回报社会。

（三）采用正确教育方式

教育方式要因地制宜，教育方式应当灵活多样，特别是高等院校进行思想政治教育要充分利用社会资源，进一步凸显思想政治教育的社会性。思想政治教育不仅仅局限在课堂上进行师生互动，更需要走出课堂，走进社会，在具体的社会环境中进行爱国主义教育，教育效果才能更加真实有效；在真实的社区单位中进行社会实践活动，学生的实践能力和专业技术才能得到有效提高；在面对特定的社会群众开展送爱心等公益活动，可以让大学生的思想道德素质和理想信念教育效果更好、教育方式更真、教育社会影响力更大。

高等院校所在的城市、街道甚至周边乡村都有许多地方资源可以充分挖掘、利用，让不同专业的大学生施展自己的才华和爱心。地方社会资源具有极大的便捷性、可操作性，对大学生的影响力更为直接，可利用社会资源也非常高。高等院校进行思想政治教育的方式也可以进一步灵活化和多样化，校内和校外活动相结合，线上和线下活动相配合，小组和团体活动相互融合。新时期，高等院校思想政治教育要拓展社会化功能，在利用社会资源方面要充分考虑网络资源和网络平台对大学生的重要作用。

《中国互联网络发展状况统计报告》[①] 显示，截至 2020 年 6 月，中国网民规模达 9.4 亿，互联网普及率达 67.0%。其中，学生占网民总数的 23.7%，位居首位。这表明，大学生已经成为使用网络资源、接触网络社

① 中国互联网络信息中心. 中国互联网络发展状况统计报告. 2020 年 9 月.

会最密集的群体。这也意味着高等院校进行思想政治教育必须要重视网络平台与网络资源，充分发挥网络资源的特性。

首先，网络资源具有开放性，大学生可以随时掌控和操作。高等院校利用网络资源进行思想政治教育，一方面，拓展了教育平台，丰富了教育形式，可以有效利用网络博物馆、视频资料等对学生进行专题教育；另一方面能够打破时间和地域的限制，实现学校教育、社会教育与家庭教育的三方联动、多管齐下与密切合作。

其次，网络资源具有高效性，大学生参与度较高。社会实践活动、社区公益活动都是非常好的社会服务项目，但高等院校操作程序较为烦琐，学生参与度有限，活动实施频率也受到限制。而网络媒体时效性强，操作简单，能够实现全员、全程参与，而且活动成本比较低，非常便捷。

最后，网络资源具有互动性。课堂进行思想政治教育，往往局限于教师在课堂讲授，师生互动需要教师的积极引导，能参与的学生也比较有限，而且现在各高等院校学生人数众多，大班授课，进行思想政治教育的效果难以保证。网络平台能够实时互动，学生可以展现自己的个性，能够借助网络渠道实现师生之间的平等交流，有助于提升高等院校思想政治教育的社会化功能。

（四）做好教育评价

教育评价要因势制宜。教育评价并不是一次考试就可以终结的，现在高等院校注重过程性评价，这一过程评价的范围也在逐步拓展，最终形成的教育评价结果要充分体现思想政治教育的价值所在。思想政治教育价值的体现要既注重个人评价又注重社会评价，其中社会价值要更为关键。服务社会能够体现思想政治教育的社会价值，也最能表现出思想政治教育社会性、公共性的价值关怀。高等院校进行思想政治教育，教育效果需要根据教育评价进行教育调整与完善，从而促进长远的教育发展。高等院校思想政治教育形成科学有效的教育评价需要形成以下三方共识。

首先，国家要有政策支持，在政策上凸显思想政治教育的社会化功能，将其作为落实教育评价中的重要一环。国家教育部门应该根据实地调查和科学规划，在强调思想政治教育重要性的同时，突出思想政治教育的社会化功能，要落实到具体政策上。

其次，学校要有顶层设计和配套方案。高等院校应在学校制订发展目标规划和措施落实方面，充分体现思想政治教育的社会化功能。高等院校在思想政治教育活动开展、落实和评价方面要有明确的目标要求，具体的内容规定和真实的效果支撑，才能真正体现高等院校思想政治教育的社会化功能。

最后，教师要有针对性的、具体的评价方法。教师进行思想政治教育评价，应当制订行之有效的评价方法，注重过程性评价，注重学生社会实践能力的提高，注重学生理论与实践的融合发展。教师一定要格外注重进行后期评价反馈与经验总结，不仅有助于判定思想政治教育的评价方式是否可行，而且也是促进师生共同成长的关键环节。

第二章　高等院校思想政治教育的理论探索

本章是关于高等院校思想政治教育的理论探索方面的内容的，对于高等院校思想政治教育的内容、高等院校思想政治教育的价值等进行了深入的分析，希望可以促使广大读者充分认识思想政治教育。

第一节　高等院校思想政治教育的内容

一、理想信念教育

（一）理想信念危机的表现

1. 当前的高等院校师生关系

首先，当代高等院校学生与教师的相处模式中存在着一些常见的认知偏差。国内大学的班级通常是以辅导员为指导教师，但辅导员与同学相处的时间较短，因此对方的第一印象会对彼此的认知都有很强烈的影响作用，这就是首因效应。但是双方都应该意识到这只是一些表面特征，否则等到同学和教师进一步相处时则可能会因为第一印象的误解而产生更严重的感情伤害，从而产生信任危机。其次，师生之间具有不同的思维和经验，如果其中一方运用自己以往的经验间接地对另一方产生一些好或者坏的感性思维，必定会造成认知上的偏差，比如教师看到新来报到的女生穿着比较暴露就判定她不是一个好学生。这样的认识会影响师生关系，容易导致彼此间不信任感的提升，进而导致学生的理想信念出现偏差。

2. 学生在恋爱方面的问题

歌德的《少年维特之烦恼》里有这样一句话："哪个少女不怀春，哪个少男不善钟情。"这可谓是对当代大学生对于恋爱困惑的真实描述。美国心理学家罗伯特·J. 斯滕伯格（Robert J. Sternberg）提出的"爱的三角论"中认为，爱情由激情、亲密和承诺三部分组成。可以从这三个方面分析当代大学生恋爱关系中的信念危机。大学阶段很多学生陷入恋爱动机的误区，其选择男女朋友不乏为了弥补空虚和满足自己私欲等个人原因，这种情况下发展起来的恋爱对于激情、亲密和承诺三种成分都没有保证，也就是说，这种关系很容易走向失败，导致其在今后对于恋爱关系中的另一方的信任感降低，个别大学生对于恋爱关系归因错误，甚至会产生对恋爱本身的不信任。

3. 学生寝室中的问题

除了上课，寝室是学生最长待的地方，由此也滋生出一些问题。寝室关系是校园人际关系的重要组成部分，寝室矛盾极易导致同学间的信任危机。寝室关系的好坏直接影响着大学生的主观幸福感，需要辅导员，寝室老师及学生干部及时发现问题，并妥善解决。

（二）加强理想信念教育的要求

1. 营造良好的校园信用环境

构建校园人文信用环境十分重要。在高等院校，无论是课堂内外，还是教师、学生或是其他教育工作人员，都应该时刻把信用放在首位，营造出"讲信用"的氛围，构建学校良好的人文信用环境，这对学生的信用教育必是事半功倍。首先，要注意教师的日常信用示范作用，教师是否能以身作则、率先垂范，对学生的影响是很大的。其次，是注意发挥学生党员及学生干部的信用带动作用，如果他们也存在着信用缺失的现象，那么就会给普通同学就会带来负面影响，所以要重视学生党员及学生干部的正面榜样作用。

2. 加强学生理想信念教育

加强学生的理想信念教育，全社会都应为之努力，尤其是要发挥家庭、学校与社会的教育合力。教育过程本身就是互动的过程，每个接受教育的个体，在接受教育的同时，也在教育、感染别人，在要求学生诚信的同时，更要求教育者本身。因此，要结合学生特点，齐抓共管，构建家庭、学校、社会教育的合力。教师在教学活动中以其严谨的教风、真诚的为人把诚信渗透到教学活动中，实现教书和育人的统一，体现师德的力量；科研人员以其孜孜探索、求实创新的作风体现到指导学生的科研实验中，从而实现教导和塑人的统一；管理人员将其踏实、勤勉的作风运用到学生的教育管理中，从而实现管理和育人的统一；后勤管理人员，用工匠精神感染大学生。家庭作为教育的基本细胞，父母作为大学生的第一任教师，应言传身教。父母的言谈话语甚至是行为都潜移默化地影响着孩子。尤其是竞争比较激烈的当今社会，父母都希望自己的子女将来能够出人头地，有一部分父母在教育自己子女上只注重学习成绩，注重他们是否有一技之长，因此，学生的大部分时间都是背着沉重的书包奔走在学校及课外的学习路上，而父母们却忽视了对学生的德育教育，忽视了成才的关键一步，因此，要及时转变观念，要让子女们先学会“做人”，然后再做“学问”。

对于社会而言，采取有效措施清除各种失信行为乃当务之急，否则，社会的大环境难使大学生的诚信有存在和发展的空间。

3. 教育内容应突出理想信念教育

开展好理想信念教育，高等院校思想政治教师还可以从以下三方面入手。

第一，要加强对马列主义经典著作的学习。高等院校是人才的培养基地，所以加强马列主义经典著作的学习，是必要而迫切的。在思想政治工作的开展中，学生的很多问题都可以从这些经典的理论中得出答案。新时代的学生，在服从集体利益的大局下，也会去争取个人的利益，他们不再满足于将个人价值淹没在集体中，而是要得到有机统一，所以引导学生如何将个人追求、现实诉求纳入合理化轨道，正是政治工作亟待解决的问题之一。这提醒着我们新时代要面临的新问题要不断改变方式，而不能教条式地一成不变。

第二，要加强对党史和党章的学习。中国共产党在长久的、艰辛的奋斗历史中，经历了土地革命、抗日战争、解放战争、改革开放、全面复兴各个阶段。党在不同历史条件下积累了宝贵经验，是所有党员的精神财富，也是每一位党员的必修课，所以加强对党史的学习尤为必要，通过学习党史，从中汲取养料和能量，坚定“听党话、跟党走”的信心。

第三，要加强对先进典型的学习。荣誉感和理想信念相对比较抽象，在开展教育的过程中，理论讲解太多反而作用不明显，加入对先进典型的学习，从典型身上去品读他们对理想信念的诠释更具有教育意义。在先进典型的选取上，高等院校思想政治教育管理者应把握三个原则：一是典型的特质要有具体的亮点。在教育引导的过程中，引入典型，不能泛泛而谈，优秀、出色这样的形容词没有任何的感召力。在某高等院校教师开展的一次党史教育课上，老师引入了四个先进典型的例子，并一一对应出相应的特质，王进喜对应着党员要模范带头；杨善洲对应着党员要淡泊名利；林俊德对应着党员要甘于奉献；孔繁森对应着党员要心系群众。通过引入典型的授课要生动许多。二是典型应与本职工作紧密贴合。在开展理想信念教育时，典型应与本职工作贴合紧密，代入感才会强。比如对于将来要从事科研技术工作的学生，在选择典型时应该多以科技人员为主，例如苏宁、钱学森、林俊德等。三是典型可以从身边人选取。选取身边优秀的人员作为典型，可以减少距离感，增加亲切度；最重要的是在身边典型的事迹中，可以映射到本人，这种教育效果更能打动人心。

二、历史方面的学习

中华民族五千年历史灿烂辉煌，从历史中汲取力量和智慧，不仅是创新党的思想理论的重要任务，还是高等院校做好立德树人工作的有效途径。如今，在高等院校思想政治教育中学习党史、新中国史、改革开放史、社会主义发展史是十分必要的，其可以简称为“四史”学习。高等院校应充分认识新时代“四史”学习教育的重要意义和时代价值，应积极改进“四史”学习教育的实施路径。

为此，教育部发文明确要求在全国高等院校师生中开展历史学习教育，强调要把历史学习教育贯穿高等院校立德树人全过程，持续深化爱国主义教育。面对新发展阶段的新特征、新要求，高等院校应以历史学习教育为契机，紧紧围绕立德树人根本任务，阐明“四史”学习教育的时代价值，挖掘“四史”学习教育资源，探索其开展途径，全面推动高等院校思想政治教育与“四史”学习教育同向同行、融会贯通，承担起为时代新人润心铸魂的历史使命。

（一）历史教育的时代价值

第一，有利于学生树立正确的历史观。对于党史、新中国史、改革开放史、社会主义发展史的学习教育，有利于帮助大学生在世界百年未有的大变局中，认清国内外发展形势，了解我国社会主义的历史脉络和发展走向，认清历史虚无主义错误思潮的实质，树立正确的历史观，学会用历史的、辩证的眼光去分析问题、把握规律、探寻真理。

第二，有利于掌握学习教育的话语权。随着各种社会思潮的不断涌现，历史虚无主义不同程度地通过一些显性和隐性的方式，企图争夺历史领域的话语权，以达到瓦解主流价值观进而否定马克思主义的指导地位以及中国特色社会主义的目的。实现中华民族伟大复兴，不仅需要强大的科技与经济实力，还需要与之相适应的哲学社会科学实力，提升相关话语权。通过“四史”学习教育，向学生讲述好中国发展故事，揭示社会主义发展规律，巩固好马克思主义在意识形态领域的指导地位，有利于抵制历史虚无主义不良影响，宣传好中国特色社会主义，创新中国哲学社会科学话语体系，牢牢掌握好历史学习教育的话语权。

第三，有助于实现立德树人的根本目标。作为开展“四史”学习教育的主要途径，思政课担负着艰巨任务。高等院校积极开展“四史”学习教育进课堂活动，运用形式多样的思政课向学生讲好“四史”的有关内容，不仅有助于学生以历史事实为依据，以优秀历史人物为标杆，坚定政治方向、树立理想信念，更有助于把学生培养成符合社会主义发展要求的栋梁，使他们更好地拼搏奋斗。

（二）加强历史学习的重要途径

在探究途径之前，我们首先需要看到的是当前高等院校在党史、新中国史、改革开放史、社会主义发展史的学习教育中存在的一些问题，主要表现在以下这几方面。

首先，如今“00后”学生是高等院校的主力军，由于受信息技术和一些社会潮流快速更替的影响，一些学生更愿意将时间和精力投入到对新事物的触及和探索中，在他们看来，“四史”学习教育中涉及的内容与他们的生活相去甚远。在这种偏差认知的引导下，部分学生对“四史”缺乏学习兴趣，出现学习“四史”积极性不强的问题。另外，从客观层面上来看，相较于学生们成长的时代，“四史”中部分内容涉及的年代已经过去许久，这种时间上的架空也直接造成了学生对“四史”相关内容理解不深、模糊混淆的问题。学生们对重大历史事件、重要历史人物的了解比较片面，对于史实的发展逻辑、具体细节、演变规律等存在浅尝辄止、一知半解、只知其然不知所以然的状况。

其次，从宏观上看，党史、新中国史、改革开放史、社会主义发展史涉及体系庞大，内容呈现点与线的逻辑关系。其中，党史、新中国史、改革开放史是点，社会主义发展史是线。改革开放史包含于新中国史之中，新中国史包含于党史之中，这三者又同时隶属于社会主义发展史。“四史”既是艰辛实践的奋斗史、探索史，更是理论创新不断深入的发展史。正是由于“四史”体系大、逻辑强、理论深，教育者往往会因为课时和教学进度的影响而采用传统的理论灌输式的教育方法，相应增加了部分学生对“四史”学习教育的抵触情绪。同时，由于部分教师理论讲授的课时较长，直接压缩和减弱了“四史”学习中的实践环节。学习“四史”要求受教育者做到知、情、意、行相统一，可学生学习“四史”的主要途径却是课堂教学，因缺乏实践活动，学生的学思践悟不足，实际效果就显得不够理想。

最后，相关的学习教育与新媒体应用的融合性不够。近年来，新媒体在现代教育中的作用在逐渐增强，并日益成为教育教学的有效手段，新媒体与学科相融合、与教学相融合的理念，愈来愈成为高等院校研究讨论的热门话题。党史、新中国史、改革开放史、社会主义发展史的学习教育应积极与新媒体技术相融合，以充分彰显它们的驱动力和感染力。但在实际情况中，部分高等院校教师在新媒体技术应用方面存在一定的短板，多采用理论讲授法进行历史内容的灌输。另外，部分高等院校对新媒体技术的重视程度不够，未能利用好新媒体为学生搭建起学习的云端平台，致使学生通过新媒体获取“四史”知识的机会不多、途径太窄。

针对以上的问题，应该如何加强党史、新中国史、改革开放史、社会主义发展史的学习教育，下面本书对于其有效路径进行具体的分析。

1. **重视学生主体地位的发挥**

高等院校“四史”学习教育，不能仅是教育者单向引导发力，还需要重视学生主体地位的发挥，合理关切学生的兴趣所在和学习需求。因此，就需注重教师主导和学生主体相结合，解决以往学生学习主动性不高，理解不深的问题，提升学习教育的实际效果。一方面，要注重学生在“四史”学习教育中的主体地位。在“四史”学习教育过程中，教育者应该摒弃以往“一言堂”“一讲到底”的传统观念和行为，而是应打造情景式、体验式、互动式的教学模式，给予学生一定的参与权和自主权，调动学生学习“四史”的积极性和能动性，使每个学生都能真正地参与到学习“四史”的过程中来，更好地表达自己对某一历史事件或历史人物的独到见解和真实感触。另一方面，要发挥教育者在“四史”学习教育中的主导地位。面对庞大的“四史”内容体系，教育者要系统整合“四史”有关内容，合理设置教学目标，科学安排课时占比。同时，教育者自己要以身作则，明确政治立场，坚定理想信念，引导学生树立正确的历史观，掌握科学的方法论，学会用系统的、历史的眼光分析“四史”，进而提升学生的使命意识和责任担当。

2. **将课内与课外实践相融合**

高等院校“四史”学习教育，不能仅靠教育者单纯一味地对学生进行“填鸭式”的教学，还需要以一定的实践活动为载体，架构起学生与历史之间的桥梁，促进学生对历史内容的掌握和深化。加强新时代高等院校“四史”学习教育，还要注重课内讲授和课外实践相结合，克服以往“四史”学习教育的理论性较强、实践性较弱的问题，拓宽“四史”学习教育的实践渠道。一方面，要组织形式多样的“四史”实践活动。“四史”教育的实践活动不能因循守旧，要进行实践形式上的不断创新，用形式多样的实践活动盘活“四史”学习教育，提升历史教育的参与性和趣味性。高等院校可以在校内定期组织与“四史”有关的主题文化实践活动，例如：开展知识竞答、红歌演唱、红色沙龙等形式多样的活动，为学生提供更多参与“四史”实践活动的机会。另一方面，要搭建“四史”学习教育的实践平台。高等院校可充分发掘当地红色资源和历史资源的优势，与本地的爱国主义教育基地、革命纪念馆、历史博物馆等进行合作，实现资源的充分利用和共商共享，拓宽学生“四史”学习教育的领域和渠道。

3. 重视结合新的工具

高等院校“四史”学习教育，不能仅凭基础的线下教学，在以传统教学为学习“四史”的基本途径时，还需要借助现代信息技术加以辅助支持，为学生提供立体化、全方位的学习“四史”的新平台。因此，加强新时代高等院校“四史”学习教育，更要注重线上教育和线下教育相结合，解决以往“四史”学习教育与新媒体应用的融合性不够的问题，搭建“四史”学习教育的云端平台。一方面，要创新“四史”学习教育的网络形式。高等院校可以借助新媒体技术手段，建立起自己运营管理的，类似于网站、微博、APP、微信公众号等形式的“四史”学习教育服务平台。通过定期推送动态视频、干货文章、实时新闻等学生感兴趣的历史内容，让学生了解到更多“四史”方面的理论和史实，给学生不断传输有思想性、教育性的“营养大餐”。另一方面，要整合“四史”学习教育云资源。高等院校可以与当地党政机关、红色教育基地等校外机构建立起合作伙伴关系，共同打造“四史”学习教育的云端平台，创新高等院校“四史”学习教育开展形式。通过打造“云参观”“云实践”线上体验模式，打破传统教学时间与空间的限制，不断拓展“四史”学习教育的线上领域，扩大线上“四史”学习教育影响范围。

三、社会主义核心价值观教育

只有人民能够从主观上感受到美好，客观上也实现了思想水平的提升，才可以说社会主义核心价值观教育真正地实现了。在思想、文化多元的新时代，社会主义核心价值观，承载着民族、国家的精神追求，体现着一个社会评判是非曲直的价值标准，既能满足人民群众的精神文化需求，又可以作为人们行为活动的价值指向。因此，凝聚广大人民共识的社会主义核心价值观就能够反映、引领人民对美好生活的共同价值。当前人民对社会发展和自身发展提出了更高层次、更加多样的要求，其不仅包括物质富裕和精神丰富价值，还包括民主、法治、公平等价值。法治领域与道德领域突出问题的出现，直接影响了人民的生活品质，导致了人民对法治与德治的需求日益高涨。思想政治教育作为人民的重要价值共识，其目的都是为人民提供良好的社会环境与安定的社会秩序。

社会主义核心价值观还能够进一步推动良法善治的形成。习近平总书记强调，“立法、执法、司法都要体现社会主义道德要求，都要把社会主义核心价值观贯穿其中，使社会主义法治成为良法善治”。社会主义核心价值观融入法治建设不仅能在立法上契合了人民的道德意愿，促进人民自觉地尊法、守法，还能为法律实施的各个环节增强道德底蕴，提升人民的正义感和公平感，为我国法治建设明确价值导向、指引正确方向。

社会主义核心价值观，其实就是一种德，既是个人的德，更是国家的德、社会的德。社会主义核心价值观集广大人民群众普遍的道德良知与社会风气于一体，能够引领人们选择向善。社会主义核心价值观融入法治建设，是我国近几年治国理政进程所实现的新经验。但社会主义核心价值观作为大德，无疑依然发挥着它在道德建设领域中的重要作用，尤其在解决道德领域的问题时，就更加被凸显出来。新时代，社会主义核心价值观的引领作用不是一味地只作为道德价值，更要与其他方面结合起来，从而促进社会良好道德风尚的形成。总之，推进社会主义核心价值观，并融入思想政治教学中是价值引领的要求，还能推动良法善治的形成。

第二节 高等院校思想政治教育的价值

一、高等院校思想政治教育宏观方面的价值

高等院校思想政治教育的价值是不容忽视的一个方面，这是因为考查高等院校思想教育的价值，有助于加深对新时期高等院校思想教育的认识，有利于准确把握新时期高等院校思想教育的重大意义。

（一）对于高等院校的重要意义

建设世界一流大学和一流学科，是我们党在教育领域的一项重要战略，建设具有中国特色和世界影响力的新型大学智库是其中的一项关键任务。长期以来，我国高度重视教育，高等院校建设取得了一定成效。但同时，我国受高等教育人口比例远低于发达国家。

思想政治教育既是高等院校工作的重要主题，也是评价高等院校工作实效性的根本措施，更是高等院校发展的需要。高等院校的发展需求是高等院校生存的关键和基础。我国高等院校人才培养面临着巨大挑战，与发达国家存在较大差距，我国高等院校在世界上的影响力仍然较低。习近平总书记在北京大学师生座谈会上的一次重要讲话中指出，立德树人应被视为高等院校各项工作有效性的测试标准，融入高等教育建设和管理的各个环节。充分强调了思想政治教育在高等院校整体工作中的重要性和必要性，表明高等院校全面建设思想政治教育体系，不仅对推进“双一流”大学建设任务具有积极影响，同时也有利于走出一条面向世界、面向未来的中国特色社会主义高等院校发展道路，不仅能提高我国高等教育的整体水平，还能扩大国际影响力。

高等院校肩负着为党和国家育人的重要责任，其地位和作用不可低估。高等院校思想政治工作决定了为党和国家育人的基本内容，也是检验高等院校工作成效的标尺，是推动和带动高等院校其他工作发展的指挥，是真正培养一流人才的需要。

（二）对于社会发展的重要意义

社会发展进步是指社会运动、变革和发展的过程呈现出从低级到高级的进步、上升和演变的历史趋势。在这个过程中，人是核心要素。从宏观上讲，在生产力要素中，人是最活跃，最有活力的要素，特别是掌握思想知识和科学技术的人是最活跃、最革命的。在微观层面上，思想政治教育体系建设的实践可以很好地促进科学技术、社会交往和现代文明的发展。这是思想政治教育体系建设实践对促进社会发展的体现，也是其现实意义在社会领域的最直接体现。当前，我国经济和社会发展迅速，人们更加渴望和迫切地建设一个自由、平等、公正和法治的美丽社会。新时期的高等院校要努力适应人民群众对社会发展进步的现实需要，更好地把思想政治教育体系的现实意义与促进社会发展进步统一起来。

（三）对于民族发展的重要意义

总的来说，道德建设和育人是社会主义道德，他们培养的人是合格的社会主义建设者和接班人，这符合民族复兴的价值理念和现实要求。实现民族复兴需要强大的智力支持和人才支持，而道德建设和育人的重要意义在于人力资源和治理资源的培育，这是道德建设和育人的现实基础，是实现民族复兴的重要举措。

也就是说，民族复兴的价值观和实践，需要统一于个人道德和人才的实践，贯穿于社会主义现代化建设的全过程，这就内在地要求培养有民族复兴意愿的建设者和接班人；新时期实现民族伟大复兴，也对立德育人的实践提出了新的更高的要求，这是立德育人与民族复兴的辩证关系。实现民族复兴，不仅为道德建设、育人提供了明确的价值取向，而且有利于统一思想共识、凝聚社会力量。在新时期实现中华民族的伟大复兴，需要进一步加强高等院校在道德建设和育人方面的重要作用，更好地把我国的人口优势转化为人力资源优势，为实现民族复兴积累力量。

二、高等院校思想政治教育微观方面的价值

（一）对于学生个人的重要意义

国家十分明确地指出，高等院校人才培养的总体目标是：努力培养德、智、体、美全面发展的社会主义建设者和接班人，努力培养肩负民族复兴重任的新的时代人。作为学校的一项重要任务，思想政治教育体系贯穿于学校教育的各个方面，对引导个人成功发挥着重要作用。它表现在许多方面，如良好道德的培养、知识和技能的获得、人格的改善、身心发展的促进等。学校教育不仅是个人成长的重要手段，也是个人社会化的重要途径。因此，我们应该认识到高等院校作为党的思想工作的前沿阵地，应在多元文化渗透和冲击的环境下，把思想阵地建设落实到位，为大学生的全面发展指明正确的方向。

当前，国际国内形势复杂多变，大学生具有强烈的求知欲和好奇心，其思想价值观容易受到侵蚀，不利于健康“三观”的形成，会对其全面发展产生一定的负面影响。在当代大学生全面发展和综合素质培养过程中，只有发挥对当代大学生思想政治教育的积极影响，才能引导大学生全面发展中把握正确方向和路径。学校思想政治教育的实践实质是对学生成长成才的引导和培养，包括良好品行的培养、知识技能的传授、健全人格的塑

造、身心发展的促进等。它的价值在于促进个人的全面发展，这符合个人成长和成功的内在要求。

此外，高等院校全面思想政治教育体系着眼于新时代，从宏观上对传统思想政治工作进行立体提升，满足大学生成长成才不同层次的需求，全面教育和教育全人，真正提高他们在理论和实践、生理和心理上的获得感和满足感。因此，开展高等院校全面思想政治教育的意义还体现在它能为高等院校人才道德素质水平的提高和综合能力的提高提供有力的帮助，所以要善于把握其对个体人才的现实意义，客观认识学校教育的重要作用。

（二）对于人才培养体系的价值

人才是社会发展的第一资源。在社会发展和转型的关键时期，我国对人才的素质、水平和能力提出了更高的要求。大学生是民族和国家的希望，大学生的培养是教育学科的共同需求。习近平总书记在全国教育会议上发表讲话，指出当代高等院校应建立德、智、体、美综合教育体系，形成更高层次的人才培养体系。同时强调在建立高等院校人才培养体系的过程中，要转变学科体系、教学体系、教材体系、管理体系的主要层次，提高高等院校整体教育水平和质量，思想道德、文化知识和社会实践并重。思想政治教育在高等院校人才培养体系中处于主导地位。构建全面的高等院校思想政治教育体系，是对高等院校思想政治教育工作进行统筹规划的一项高水平的设计方案，是高等院校人才培养体系弥补劣势、增强优势的必然选择，有利于新时期高等院校人才培养体系不断完善、优化和升级，以适应社会矛盾变化，开创工作的新局面。

第三章　高等院校思想政治教育的实践途径

本章对于高等院校思想政治教育的实践途径进行了分析，在“高等院校思想政治教育的理论指导、高等院校思想政治教育的途径分析、高等院校思想政治教育与家庭教育的结合这几方面的内容进行了分析。

第一节　高等院校思想政治教育的理论指导

一、坚持马克思列宁主义理论观点

列宁曾经批评“国家”这一概念被资产阶级学者弄得混乱不堪一样，20 世纪 60 年代以来，西方学者对意识形态的定义有着多种多样的表述。新时期，要牢牢把握意识形态工作领导权、管理权和话语权，就必须以马克思主义为指导，科学地认识意识形态、把握意识形态，构筑政治界限。

“意识形态”是一个现实性极强但又复杂的词语。而在政治学理论中，“意识形态”是一个复杂的概念，许多思想家和学者从不同的角度和出发点对其做出了不同的界定，各种定义莫衷一是，导致“意识形态”这一概念一定程度上被滥用或混淆。

意识形态又是政治学中的重要概念，它被认为是政治文化的核心内容，是使政治体系合理化的重要因素。并且，自 20 世纪 60 年代以来，意识形态研究的方法、途径和领域不断得到拓宽，意识形态研究已经与文学、社会学、教育学乃至心理学等学科结合，成了政治学研究的重要领域。

“意识形态”这个概念的理论渊源发于英国哲学家、科学巨擘弗兰西斯·培根（Francis Bacon）在其著作《新工具》（1620）中提出的“四假象说”。培根认为由于人类自身或社会的因素在人们认识外部世界的过程中分别造成“种族假象”“洞穴假象”“市场假象”“剧场假象”，这给人们认识外部世界造成了种种障碍。那么，人类应当怎样克服种种偏见和错误的观念，从而形成正确的、科学的观念呢？这个问题成了促使意识形态概念产生的动力。

法国大革命时期的学者德斯蒂·德·特拉西（Destutt de Taryc）在《思想的要素》（又译为《意识形态原理》）中正式提出了他所创造的“意识形态”（ideology）这个名词，这是“意识形态”一词第一次出现。在特拉西那里，意识形态是一门研究解释人类观念上的偏见和成见的来源的科学，即“观念的科学”。这种提法一开始得到了拿破仑的支持，但后来由于拿破仑与意识形态家的政见不同，拿破仑又转而批判意识形态家是“空想家”，诘难意识形态破坏了国家的秩序。从此以后，“意识形态”被赋予了贬义，人们在很长时间对其弃之不用。

随着德国哲学家曼海姆（Mannheim）的《意识形态与乌托邦》1929年出版，以及马克思、恩格斯在1845—1846年合著的《德意志意识形态》1932年首次出版面世，意识形态研究又重新流行起来。及至第二次世界大战后，学界关于意识形态的研究达到了顶峰，并成了一门系统的学问。虽然在20世纪五六十年代，行为主义把意识形态看作一种“官方思想”，认为当时是“意识形态终结”的时代。然而随着女权主义、生态主义等新的意识形态出现以及行为主义研究走向衰落，意识形态研究又受到了关注。

虽然马克思和恩格斯没有对意识形态做出一个统一的、清晰的界定，但是，在《德意志意识形态》《1844年经济学哲学手稿》《共产党宣言》等著作中，马克思、恩格斯较为系统地论述了意识形态。在马克思、恩格斯看来，意识形态是与资产阶级联系在一起的特定概念，其内涵主要有：第一，意识形态是一个包括政治法律思想、道德、哲学、宗教等具体形式的总体概念，是基于一定社会经济基础之上的上层建筑的一部分；第二，意识形态是社会生活过程在人脑中的反映，是社会的产物；第三，意识形态只反映统治阶级的利益和意志，是对社会现实错误的、扭曲的反映；第四，意识形态是一定社会历史阶段所特有的产物，当无产阶级掌握政权，消灭了阶级、剥削和压迫后，意识形态就会消失。

伟大的革命导师列宁创造性地发展了马克思和恩格斯的意识形态理论。在1902年《怎么办?》一书中，列宁认为意识形态不是资产阶级所特有的，无产阶级也具有意识形态，那就是社会主义的意识形态，即科学社会主义。无产阶级的意识形态在工人群众中不会自发地产生，需要通过外部的灌输。从此以后，意识形态已不仅仅与资产阶级相联系，而是一个中性的概念。

在马克思主义后来的发展过程中，意大利的葛兰西（Gramsci）通过“文化霸权”理论，法国的阿尔都塞（Althusser）通过“意识形态国家机器”理论从不同角度深化发展了马克思主义意识形态学说。要全面地理解意识形态这一概念必须掌握其基本特征，意识形态的内涵决定了其具有以下基本特征。

第一，总体性。意识形态作为与一定经济基础相适应的社会上层建筑的一部分，是由各种政治法律思想、经济思想、社会思想、伦理、艺术、教育、哲学、宗教等具体的意识和观念形式形成的一整套思想和信仰体系。在意识形态中，政治法律思想、经济思想和社会思想处于与现实政治联系最为紧密的第一层次，它们直接反映着统治阶级和社会利益集团的根本利益。意识形态这一部分直接维护着统治阶级的统治地位及根本利益。所以，在每一次革命和改革进行时，意识形态这一层次的斗争总是最激烈的。意识形态的第二层次是伦理、艺术、教育。这一部分与现实政治的联系没有第一层次那么密切，但是这部分的意识形态与社会成员的日常生活息息相关，并影响着人们的政治心理的形成和改变。意识形态的第三层次是哲学和宗教。这部分意识形态与现实政治的距离最远，却通过世界观和信仰的方式对现实政治给予决定性的影响。意识形态的三个层次相互联系，相互影响。意识形态的斗争在各层次都会表现出来。如在16世纪达到高峰的文艺复兴运动就是新兴的资产阶级与封建贵族的斗争在艺术、哲学和宗教领域的体现。

第二，渗透性。在现实生活中，意识形态各种形式之间会相互渗透。如人类关于生态保护的社会思想就与政治思想相互融合，形成了自20世纪60年代以来影响颇大的生态主义、生态社会主义等意识形态。在经济全球化不断加强的背景下，意识形态的渗透性还表现为不同意识形态之间的相互渗透。随着世界经济的发展，各国政治、经济、文化等各方面关系不断密切。在这种情况下，各种意识形态之间也互相交错、渗透、吸纳、借鉴，使得世界意识形态格局错综复杂，同时也使社会主义与资本主义意识形态矛盾和斗争显现出扩大化趋势。

通过以上的论述，我们应该认识到坚持马克思列宁主义理论观点的重要性，高举马克思列宁主义理论观点，才能在意识形态领域掌握更多的主动权

二、其他理论支撑

（一）心理学理论

掌握心理学思想政治教育进行构建的基本点，这表明必须从根源上探讨如何通过构建教学体系，使学生在教学过程中达到所要求的思想政治品德，这一过程也以反映出个体内心活动的变化和心理的起伏过程。在思想政治教育过程中，心理学的相关理论和方法能将学生思想品德形成过程的心理活动展现得淋漓尽致，深入挖掘如何构建切实可行的教学过程，可以揭示学生在教学活动中个体本身知、情、意、信、行等方面的心理变化。在分析研究这一过程的基础上，抓住内部规律，构建适应学生心理特点的思想政治教育规律。除了发现学生在教学实践过程中思想品德形成的心理规律外，在这一过程中心理学中需要、动机和意识的形成等相关理论，也为思想政治教育的研究寻找了新的切入点，使构建的思政课教学具有全面性与广泛性，经得住各门学科的检验。

（二）教育学理论

教学活动是教育学体系的关键要素之一，教学活动包括课程内容的总体设计、课程活动的主体与客体、教学目标、教学手段、教学达成效果等部分。教学活动将德育与智育相统一，将教学触角伸出课堂、越出校园、深入社会。因此可以说教学活动的整个活动流程与教育学中对于教学活动的研究是不谋而合的，因此要将教育学中关于教育规律和教育活动的基本原理借来参考和借鉴，从而构建出优质、高水平的思想政治教育教学

体系。

教育学为思政教育对如何组建课程活动，开展实践活动提供客观依据，并从教师角度入手揭示教师如何规范的实施教学过程，学生如何高效地参与到教学活动当中，与为教学进行打造一套可遵从的规范，还要必须注意保持和教育学研究的核心内容相一致。要从教育学中的关注点，即通过德育来探讨内容、原则、方法和评价的确定。教育学中关于教学方式的论述，和思想政治教育教学中开展的形式多样的教学活动，在具体过程中引导学生将课本理论与实际相结合，达到实践育人的目的。这一点也是与教育学融会贯通的地方。

（三）社会学理论

社会学是从特定层面、特定角度对作为社会主体的人，以及人与社会复杂关系进行分析研究的一门学科，社会学的相关理论为高等院校思想政治理论课教学提供了一些理论支撑。

首先，在高等院校思想政治理论课实践教学活动当中，在校大学生通过走进社会生活接受思想熏陶和教育，思政课实践教学的育人作用最直观的体现就在于大学生在实践教学过程中的社会化，这正好是社会学的主要研究对象。

其次，当代大学生通过投入社会亲身参与到实践教学活动当中，一方面，提前熟知社会规则，掌握一定的社会技能与社会规范；另一方面，在通过与社会相关行业人士的交流，进行一定的社会角色感悟，对社会的认知进一步加深，提前体验社会生活，这为以后踏入社会奠定良好的基础。可以说，这是大学生真正踏入社会生活的演练，在一定程度上为大学生尽快适应社会生活增加积累。

最后，大学生在社会各类群体和组织中接受教育的过程、方法以及经验、教训为思想政治教育的理论研究提供了素材，增强了理论的可信度与说服力。

此外，社会学涉及社会生活的多个方面，包括多个领域，它研究的诸多问题如社区文化、社会整合等，都对构建高等院校思想政治教育具有重要的参考价值。

（四）我国古代的教育与思想

1. 廉政文化教育

在中国古代王朝的治理战略中，非常重视推进廉政建设。例如，明朝开国皇帝朱元璋，可以说是中国历史上反腐倡廉最果决的皇帝。朱元璋认为，贪官应该被斩首，贪污超过六十两银子的官员应该被毫不留情地处决，而对自己训练的官员也不应该手软。此外，清朝的雍正帝也是著名的反腐皇帝。历史记录显示，当雍正帝刚刚掌权时，税收不足，国库空虚，官僚作风松懈，腐败猖獗。他克服了各种阻力，对赤字进行了大规模检查，设立了会考府，实行耗羡归公，养廉银制度，取缔陋规等。由于他态度决断，雷厉风行，清朝的财政状况在短时间内明显改善，官员的腐败现象也逐渐减少。他知人善任，发挥人的才干，在没有政府规划的情况下，避免建立关系和接受贿赂。历代思想家和政治家所创造的反腐败思想和倡导措施，不仅对当时的政治和经济发展起到了重要的推动作用，而且也是一份非常宝贵的历史遗产，至今仍给我们很大的启示。积极吸收古今中外的一切反腐文化，丰富和完善自己的反腐体系，开展大学生反腐教育，学习和研究中国古代反腐思想，不断总结、创新和深化反腐文化资源，成为大学生反腐教育的能源。

2. 重要品质传承

（1）见贤思齐

自律是成功的保证，而内省是成功的关键，一个不擅长内省的人很难成功。自我反思是自我意识和主动性的表现，是道德修养的有效方法。当事情发生时，无论是寻找别人的过错还是开始反省，是一个人是否进步的分水岭，也是一个人的美德否真正提高的标志。曾子有句名言："吾日三省吾身。（《学而》）"意思是说每天都要多次反思自己的言行，有深厚道德修养的人都勇于批评和反省自己。

首先，我们应该学习古人的论述，从中吸取智慧的精华、生命的原则和真理。其次，我们应该从这些优秀文化中学习、掌握人的风度，明确人与社会的关系，实现人生的真正意义。此外，还应向我们身边的榜样学习，规范我们的行为。与此同时，请保持谨慎，遵守道德标准，坚持生活的原则。

（2）保持善良

我们每一个都应该有一颗善良的心，这样才能够将社会变成一个干净、纯洁、美丽的家园。勿以善小而不为，你曾经漫不经心的、一个小小的善意也许会令别人终生难忘。

（3）勤俭节约

节俭是培养廉洁文化的重要途径，节俭不是天生的本能，而是由经验、榜样和远见激发的道德品质，这是教育的结果。，如今，青年奢侈浪费问题逐渐增多，很大程度上是社会和父母溺爱的结果。树立勤俭节约的意识，有助于我们在物质诱惑面前摆脱贪婪和奢侈的观念，树立坚定正确的人生观。

（4）诚实守信

我国是拥有浓厚历史文化的国家，一直非常重视诚实守信的道德修养。诚实是对我们言行的一种约束和要求，声誉和信任是我们的一种希望和追求。例如，一名雇员代表着个人、单位、企业或政府做事，如果他不诚实和不值得信任，那么他所代表的社会组织或经济实体也将不被人们信任，从而无法与社会进行经济联系，或者对社会没有吸引力。因此，诚实守信不仅是一般的社会道德，也是员工都应该遵守的职业道德。

（5）关爱他人

关爱他人是我们中华民族的传统美德。对他人的慷慨帮助意味着无私和热情地帮助有困难或缺点的人，对他人温柔友好。当你伸出友谊之手时，你会因帮助别人而获得友谊，何乐而不为呢？善待他人就是用宽广的胸怀对待身边的人或事。

（6）遵纪守法

我们必须确立个人利益从属于集体利益的概念。我们都有自己的利益，但是我们不能为了自己的利益忽视规则和规定，为了自己的利益损害他人的利益。当个人利益与他人、集体和国家的利益发生冲突时，我们可以放弃自己的利益，甚至牺牲自己的利益来维护集体和人民的利益。

其次，我们应成为“标兵”，遵守规则和纪律，反对违反规则和法律纪律的行为。在日常生活和学习中，如遇到不遵守规则和违反纪律的情况，应敢于站出来批评，维护规则和纪律的威严，同时用自己的行动来带动周围的人遵守规则，维护法律和纪律。

三、高等院校思想政治教育原则性分析

（一）坚持以学生为本

思想政治教育是为了学生的发展。所以在理论指导方面，应该充分本着以学生为本。“人本”这个概念在中华优秀传统文化中由来已久。古代有了文字记载以来，人本原则的思想最初雏形来自春秋时期的管仲，“夫霸王之所始也，以人为本，本治则国固，本乱则国危。”《管子》中的这句话充分证明了我国以人为本的思想在古代就已经得到了社会的普遍认同。而且作为儒家文化的另一个代表人物孟子也曾提出：“民为贵，社稷次之，君为轻”（《孟子》）。这显示出了人本原则在中国有着广泛而深刻的理论基础与普遍认同。而在马克思主义理论中，关于人本原则的思想也是马克思主义理论中最重要的内容之一。马克思主义将人的全面发展中分为三个主要部分，第一个部分是人的能力在整个社会中充分而自由的发展；第二个部分是人的独立性的阶段（以人类对物质的依赖关系为基础）；第三部分是社会关系和人的个性的全面发展。人本原则的最重要体现就是人的自由而全面的发展这一根本目标与最终要求。

人本原则在高等院校思想政治教育中更着重于作为个体的学生的个性的释放与发展，形成一种对人在社会中扮演了重要角色，以及发挥着重要作用的肯定，可以演变为“生本原则”。这个个体不仅是指学生个体的自由发展，也是指作为教育者的教师也同样是主体之一，承担着重要的责任。思想政治教育工作坚持生本原则，实质上就是坚持以人为本的教育理念，将教育者与受教育者都放在主体的地位，将马克思主义的基本观点运用到日常教学工作中，实现教学资源、综合管理、思想指导三者的有机结合，为高等院校青年学子树立正确的价值观导向、开阔的世界观、积极的人生观，为今后个人的发展与国家的前进打下良好基础。

这就要求教师作为引导者在进行思想政治教育工作时，自觉在头脑和自身观念中坚定确立人本原则为重要基础的核心地位，切实把爱护、理解、包容落实到具体工作中去，应该让当代大学生在学习中的主体地位得到充分的尊重。

此外，坚持生本原则也是凸显高等院校思想政治教育的目的。思想政治教育最根本的目的是加强人作为独立个体在社会中完整自由地发展，而其最终目的主要表现在：一方面，促进人自由而全面的发展。马克思说“人是作为一切社会关系的总和”，要想让其本身的社会属性得到充分的体现，只有通过参与实践活动才能得以实现。另一方面，人生存和发展的基础就是实践。人通过主观能动性改造自然，继而改变物质生产实践来让其本身生存的需求得到满足，而对改造自然的前提就是要在一定的社会关系中进行。随着社会生产方式和生产水平的不断发展和变化，生产力水平的不断提高，人类的社会实践能力和基础线不断提升，就会导致作为社会主体的人想要摆脱各方面，内里和外在环境束缚的能力也会随之不断增强，在人们身在的复杂的社会环境中也必将越加自由而全面，作为上层建筑思想政治教育在引领人类生存发展的同时，也一定会在未来的共产主义社会实现人自由而全面的发展。

坚持生本原则就是坚持贴近主体之一的受教育者群体。大量具有重复性的精准社会调查均证明，现如今我国青年学生的政治素养和思想教育水平总体来说较为良好。他们在日常生活和学习中思想活跃、拥护中国共产党、热爱祖国，并在社会和学校的双重影响下成长为对中国道路、理论、制度、文化等方面充满自信的社会中坚力量，并且坚信社会主义现代化伟大蓝图和中华民族伟大复兴的壮阔目标能够实现。可是，在一些错误的意识形态的冲击下，我国部分大学生思想同样也面临着冲击和挑战。作为思想政治教育理论传播载体的高等院校如果不能够深刻认识到贴近青年学生，彻底了解他们的思想变动历程的重要性，那就只能是被动地进行“灌输式”的教育。高等院校思想政治教育工作者理应深入学生群体、想学生所想、急学生所急，切身感受学生的思想需求，更进一步地与学生沟通交流，运用全新的教育教学方法来去了解青年群体的思想症结、心理诉求，将自己置身于青年学子的群体中去，才能在生活和学习中与他们进行更好的交流和沟通，达到教育双方的相互理解和支持。那么具体来说，如何坚持以学生为本呢？我们可以从以下方面分析。

1. 尊重教育者的主体地位

首先，要尊重教育者的主体地位。在思想政治教育中，教师扮演了一个举足轻重的角色，虽然在大学阶段众多学生已经生理上成年，他们朝气蓬勃，勇敢上进，但与此同时他们同样也是一个意志力较为薄弱的群体，世界观、人生观、价值观还未完全扩充完整。如果没有在教师正确和合理的引导下，很容易在意识形态上产生偏差进而对个人甚至学校和社会产生严重的负面影响。高等院校思想政治教育就是要发挥出教师的引导作用，充分了解学生的成长环境及人生经历，尊重其个体的独立与个性，将理论方法逐步以学生所能接受的方式进行德育教育。其次，当然而也要尊重学生作为主体之一所产生的不可忽略的作用。思政教育工作者必须让学生意识到自己的主体作用，使其产生强烈的主体意识，在日常学习和生活的交流中逐步培养起学生自觉的学习态度，真正做到心中有律，行动有规。只有在业内达成教育者与被教育者双主体地位的共识，才可以让思想教育理论不断地得到创新与发展，加强思想政治教育在现实生活中的实践作用，使主体之一的受教育者成为我国社会主义现代化建设的中坚力量。

2. **重视育人环境的建设**

科学文化知识与人文情怀是高等院校区别于其他教育传播载体的关键所在，校园文化环境无论是对教师还是对学生都会产生极为重要的影响。习近平同志在多次讲话及很多场合中都强调了立德树人这个教育大环境和教育基本理念，在高等院校思想政治教育中的重要作用，高等院校作为社会主义建设人才输送的主要形式，积极推进立德树人教育环境的基础建设就是坚持以人为本原则，发展创新思想政治教育。首先，要把师德、师风建设放在首要位置，教师不仅是专业知识的教授者，同样也是道德教化的传播者，师风师德建设是高等院校立德树人教育环境基础建设的最重要一环。这要求高等院校教师不仅要有高学历，还要具备高品德，只有这样才能对学生产生积极正面的影响，对整个高等院校环境起着至关重要的作用。其次，必须把马克思主义的指导作用放在首位，以科学性和革命性统一的马克思主义指导思想为主体，根据受教育者的需要开展丰富多彩、创新十足的校园文化活动，具体落实理论上有指导、实践中有规范。最后，要在校园网络平台中坚持宣扬立德树人理念，将高等院校人本原则的思想政治教育方法和观念合理植入学生群体心中，让他们从内心产生强烈的认同感和荣誉感，并且以自身行动积极维护校园文化环境的创建。

3. **重视学生完整人格的塑造与发展**

坚持以学生为本的基础环节就是受教育者作为独立个体，必须要有完整人格塑造与发展。高等院校教育的价值所在是源源不断地向社会输送高素质、高文化的人才。面对激烈的社会竞争，高等院校思想政治教育人本原则的重要症结就在于，怎么样才能在校园环境内实现受教育者完整人格的健全发展。现今社会，不仅要求青年学子有更高的文化素养、科学素养，更要求其作为社会中的一个独立个体，有其完整人格的具体展现和政治态度的积极方向。高等院校思想政治教育就是在人本原则之下，使青年学子自信、自立、自强，不断引导和发展他们成为整个社会的优良建设者，且能在飞速发展的社会环境下，做出积极应对以保证自己不被社会所淘汰，还能为社会的发展、国家的富强做出贡献。只有这样才能实现自己的人生价值，在面对未来世界挑战的时候才能够做到从容不迫。在我国的教育体系中，高等院校思想政治教育是非常重要的组成部分，只有在高等院校思想政治教育工作中坚持人本原则，将“一个主体”的观念彻底打破，充分尊重教师在教学引导上的主体作用，充分认识学生在树立正确的世界观、人生观、价值观，为整个社会奉献青年力量的主体作用，培养教师在教学中的主动创新性和学生在学习过程中的主动接受性，在科学的马克思主义理论的引领下，才能真正实现中国梦，实现中华民族的伟大复兴。

4. 坚持教育方法的创新

如今各种科学技术层出不穷。思想政治教育作为教育体系中极为重要的一环同样也需要跟上时代潮流，利用科学技术是对教学方法的创新与发展。先进教育必须更注重培养能力，但是能力必须与自身知识体系结合在一起才能发挥更大效用。所以努力做到知识与能力的结合，才能在科技时代实现科技与教育的创新发展。要想让思想政治教育的实效性得到提升，教育者一定要将自己置身于科技发展水平不断推进的历史发展进程中，做到因势而新。同时紧跟国际趋势，对于国内、国外思想政治教育工作的新方法与手段应该时刻地关注。正确认识我国与其他发达国家之间的差异，全面的、客观地认识当代中国教育环境，并与国际接轨，不断提升自身教育的质量与水平。在教育手段上的创新往往体现着一个学校对思想政治教育的重视程度，不断开展课外的实践活动，如田野调查或红色之旅等方式是，让一部分“五谷不分、四体不勤”的青年学生体验当代中国与近代中国最直接的方式，也是历史与现代的一次跨时空连接。还有线上慕课等大量利用网络平台衍生出的全新的教育教学方法，不仅创新了思想政治教育的传播模式，也合理优化了受教育者的考查结构。基于此，各大高等院校更应该积极合理的利用起网络平台，对大学生进行多方引导，合理上网、文明上网，全面提高网络化时代高等院校学子的整体素质。

（二）注重个体间的包容

所处社会环境不同、社会经历各异及认知水平参差不齐等，个体之间存在一定差异，主要表现在能力、思维、兴趣爱好、性格和气质等方面。而包容是一种群体特性，是指群体中各成员之间由于理想、信念、观点一致而形成的一种融洽的心理交往状态，是良好人际关系在人们心理上的反映。

在实际生活中，个体之间有着相互联系、相互依存的关系，只有承认自身与他人的差异，做到相互理解、相互包容、相互信任和相互支持，个体之间的关系才能呈现出良好的发展趋势，社会也才能和谐发展。注重个体间的包容是实现个体之间“你中有我，我中有你”融洽关系的前提和保证。单独的个体只有在充满信任、理解、包容和情感交流的环境中，才能激发其主观能动性，使其更具活力、创造性、创新性，更能以乐观健康的心态面对生活、学习及工作，实现自身价值。个体之间只有相互包容，才能创造一个积极的心理环境，从而将个体的力量凝聚在一起，集中力量实现集体的奋斗目标。具体来说，注重个体间的包容具有以下几点的重要意义。

一是能够营造良好的心理氛围。在思想政治教育中，注重个体间的包容促进了教育者与大学生的相互理解、相互信任、相互依赖，形成了融洽、交流无障碍的师生关系，营造了良好的氛围。大学生在与教育者进行交流时，双方关系融洽，没有歧视、猜疑或矛盾，就能敞开心扉畅所欲言，说出自己所思、所想、所忧，为教育者全面掌握大学生的思想动态提供便利，让教育者可以在思想政治教育过程中因材施教。

二是有利于教育主客体充分发挥主观能动性。一方面，心理相容使大学生保持积极乐观的心理态度，不论是在生活上、学习上，还是在未来的工作中，都能充分发挥自身的主观能动性，激发思维潜能及学习热情，促使他们积极主动地接受正确的引导，提高他们的学习效率和学习质量，让他们的学习更具创造性、包容性和多样性，在实现个性发展的同时实现自我价值，进而获得心理满足感和成就感，形成一种良性循环。另一方面，教育者看到大学生在自己的引导下，以积极乐观的态度面对生活、学习和工作，也会获得满足感和成就感，进而激发教育者的主观能动性，继续以热情乐观积极的态度投入教育工作。

三是改变高校学生的逆反心理。高校学生的世界观、人生观、价值观正处于发展期和形成期，对问题的了解并不全面，常常只知其表象而不知其本质。再加上大学生的个性强，自我管理能力差，常常以自我为中心，当自己的一些做法不被家长、教师、朋友所理解和信任时，就会产生消极、对抗的情绪，出现逆反心理。在开展思想政治教育工作的时候运用心理相容原则，教育者应主动关心、信任、尊重、爱护大学生，让他们感受真诚的人文关怀和情感温度，触动其内心，让大学生能够对其产生信赖感，对于教育者进行的正确引导愿意主动地接受，并且能够听取不同的意见，消除大学生的逆反心理。

如何实现注重个体间的包容，我们可以从以下几方面出发。

1. 把握好“相似性”

心理学中的相似性原理指的是拥有大致相同或者较为相似的观点的人，能够更容易理解，吸引彼此，生活中大多数人喜欢接近有相同观点的人。教师和受学生如果在信仰或者价值观等方面有较为相似的地方，就会使他们有一种“彼此相像”的感觉，这样，他们在心理上就能理解彼此，易于接受彼此。在这种情况下，教师应主动通过开展各种活动接近学生，让他们自觉地在各种实践活动中形成符合社会需要的思想观念，这样形成的思想观念比空口说教更有效。

2. 教师要发挥自身能力

教育者是学生树立全面健康发展的引导者及保障人，只有做到思想境界高、政治立场稳、道德品质好，才能吸引、感染大学生，使其信服，愿意接受思想政治教育。同时，教育者要具有良好的个性品质和美好的外在形象。若教育者对待学生做到真诚、热情、通情达理、善解人意，外在做到仪态大方、行为举止得体，那么学生自然愿意与教育者交往交流。这时教育者再通过交流给予学生思想启发，丰富其情感，满足其心理需求。除此之外，在进行思想政治教育的时候，教育者有教育主体与教育客体的双重身份，在开展教育的同时接收学生的反馈，根据反馈改进自身不足，不断完善自我，促进教育方式方法和教育内容与时俱进、与生俱进，实现教育者与大学生的心理相容。

在开展思想政治教育工作的过程中，教育者要放下高高在上的教师形象，以朋友、亲人的身份出现在大学生面前。只有在师生双方处于一种平等和谐的关系下时，大学生才会感到轻松愉悦，没有心理压力，乐于与教师坦诚地沟通交流，说出心里话。在生活上，教育者要像亲人、长辈一样主动关心大学生，让他们在充满爱意的家庭中成长，使其对教育者产生心理信赖感。在学习上，教育者不仅是教师，还是学生的朋友，要主动帮助大学生，做一个真诚的倾听者，适时给予学生正确的指导，让他们产生心理依赖感，化解对立情绪和逆反心理。

此外。人格魅力也是教师能力的一部分。因科技的发展，社会的进步，使得传统意义上的权威受到挑战，教师的知识储备如果不足，会导致失去教育的权威性和学生的信任感。此外，教师不仅应该提升个人的能力素质，还应该提升个人魅力，拥有良好的个人品质。教育者是教育实践的指导者，榜样的示范力量会使教育者像一块磁铁吸引着受教育者，从而引导他们的言行，所以教育工作者要时刻重视自我教育的作用。教育者的道德素质和个人能力应该符合教育工作者的期望。否则，教育效果将大大降低。

3. 激发学生的主观能动性

对于思想政治教育工作来说，实践活动是其第二课堂，教育者应该有意识地对实践活动进行组织，并且应该积极参与到其中，通过实践活动，使学生能够领悟理论知识，对其进行运用，对实际的问题进行探索，并且加以解决，同时实现自我价值。将学生探索真理的欲望激发出来，发挥其主观能动性，使学生积极投入学习，补足自身的短板，全面健康地发展。教育者可以与大学生一起策划、一起讨论，确保实践活动的可行性、安全性、实用性，做到与学生同思、同做、同苦、同乐，形成一个轻松愉悦的教育教学氛围。教育者要让学生放下防备心理，增加与大学生的双向交流互动，潜移默化地传播正能量，发挥自身榜样作用，成为学生成长历程中的带头人和引路人。

（三）在教学中实事求是

1. 什么是实事求是

我们可以从以下方面来理解实事求是的内涵。

首先，思想政治教育必须适应我国社会发展与人民群众的客观实际。群众作为社会的主人，其本质是一切社会关系的总和。因此，群众个体所拥有的社会关系及社会意识等因素，不仅会对群众思想的变化发展产生影响，而且还会对其起到制约的作用。思想政治教育对于群众个体与群体的思想转化都要加以重视，并且要重视社会风气及舆论能够起到的作用。这就要求，思想政治教育出发点与立足点一定要是社会发展的实际，以及群众的思想问题现状，不仅应该将群众看成是一个整体，在相同的起点上进行教育，又应该对千差万别的群众思想问题进行深入细致的研究，并对其加以解决。这样一来，就能够让理论与实践紧密地联系起来，让思想政治教育本身的针对性及有效性得到增强。要想能够对群众思想发展变化的规律有准确地了解与掌握，那么就只能与实际紧密贴合，做好与之相关的调查研究工作，让思想政治教育的针对性、系统性及创造性不断得到增强。

其次，思想政治教育必须与利益引导相结合。人民群众的思想、行动都与其自身利益密切相关，利益是人民群众进行生产及一切活动的动因，同时也是群众思想问题产生的根源。马克思主义的基本原则，就是让人民对自身的利益有充分的了解，并且让人民团结起来，为之进行奋斗，所以应该将人民的利益作为着眼点进行思想政治教育。从利益导向上看，社会中一切人的关系都是利益关系，社会矛盾之所以会产生，就是因为在利益上存在着差异或者利益是对立的。执政党如果想要将人心凝聚起来，让矛盾得到协调，从而形成强大合力，其坚持的利益导向一定要是正确的。利益导向正确，社会不同阶层和群体就会从根本上协调一致，能够共同行动和增强社会合力。在我国，国家、集体和个人利益从根本上就是一致的。我们进行思想政治教育的主要任务，就是引导人们认清这种一致性，为共同利益而奋斗，并且在奋斗的过程中让自我价值得到实现。个人、集体与国家的利益是不可分割的，在三者统一的关系中承认和尊重个人利益，是马克思主义的观点，也是思想政治教育工作的“求实”原则的要求。

最后，思想政治教育工作要有求真务实的作风。求真务实是党的优良作风的集中体现，也是思想政治教育工作必须坚持的。思想政治教育工作者必须养成求真务实的作风，把求真务实、言行一致作为自己思想和行为的重要准则。要做到求真务实就要不唯上、不唯书，实话实说，实事实办，少搞形式，不尚空谈。要爱岗敬业，把工作当事业干、当学问钻，既练“唱功”又练“做功”，勇于探索、创新。要以身作则，率先垂范，要求别人的自己首先做到，以自身的模范作用教育群众，引导群众，激励群众。

只有坚持实事求是的原则，才能在思想政治教学中越做越好，实事求是对于思想政治教育来说具有必要性，具体体现在以下方面。

第一，从思想政治教育的现状看。由于我国社会主义市场主经济的不断完善，我国社会的政治、经济，以及文化等方面都发生了前所未有的改变，人们的人生观、价值观、道德观、思维方式、行为规范等各个方面都发生着变化，以致在思想政治教育方面出现了一些矛盾：一些传统的思想政治教育方法已不能适应群众现在的思想；传统的思想道德规范与群众的思想实际不相适应。同时，思想政治教育注重的知识灌输理论，在整体素质教育方面比较缺乏，导致了思想政治教育不能与现实需要相适应。要想让这些问题得到解决，就一定要在进行思想政治教育创新的时候坚持求实原则，从而让新形势与新发展产生的需要得到满足。

第二，从思想政治教育的作用看。在新时期，创造价值就是思想政治教育最大的价值，可以在精神转化为物质的过程中，让先进的思想和党的路线、方针、政策被群众理解与掌握，进而让其变成能够改造世界的物质力量。总而言之，思想政治教育可以对劳动者个体和整体素质的提高发挥独特的作用，让生产力得到解放与发展。

第三，从增强思想政治教育的实效性看。增强思想政治教育实效性有两种含义：一是提高目的性，即要以党的指导思想为指导方针，坚持党在社会主义初级阶段的基本路线、方针、政策，遵循党的关于建设社会主义精神文明的指导思想、原则和方针，使思想政治教育保持正确的方向。二是增强有效性，即要在实践中讲求实际，实事求是地进行工作，让人们形成正确的思想和价值取向，提高观察、分析和解决问题的能力，以此将工作的积极性、主动性及创造性激发出来，让精神力量能够转变为物质力量和财富。

2. 如何坚持实事求是

(1) 学术上的实事求是

实事求是是学术研究所遵守的基本原则是学术的第一要义。因此，高等院校需要在学术领域真正贯彻实事求是原则，实事求是地对待学术成果，为高等院校营造健康良好的学术氛围。高等院校要用实事求是原则指导学术态度端正。尽管学术界对学术行为进行了严格的规范，对学术失范现象加大了惩处的力度，但学术失范行为仍然层出不穷。因此，在进行高等院校思想政治教育工作的过程中必须要坚持实事求是，加强高等院校师生学术道德教育，强化学术规范教育，学术诚信教育、科学精神教育、学术法制教育，保持学术的健康发展。

(2) 理论课要实事求是

对于思想政治教育来说，其进行的主要渠道就是思想政治理论课，高等院校思想政治教育传授的知识应该是生动活泼的，而不应该是死板的知识，应该始终坚持实事求是，从学生的接受能力出发，可思想政治教育的内容具有时代性、具体性，所以，在不同的时期，进行思想政治教育的内容也应该是不同的。并且，高等院校的思想政治理论课不能单凭思政课教师对学生的课本的理论知识灌输，要结合现代化的多媒体教育教学方式，在教育教学中与学生发生教育主客体的互动，提高学生对理论课知识的接受性，以此让思想政治教育工作更加具有实效性。

(3) 人员的发展做到实事求是

首先，高等院校要以实事求是为原则，进一步完善思想政治教育的领导与制度，把实事求是原则贯彻到思想政治教育教学，以及日常的工作中，不仅应该反对所有的形式主义作风，也要反对任何形式的弄虚作假，进而促进思想政治教育的领导与制度完善，提高高等院校思想政治教育工作的有效性。

其次，高等院校思想政治教育工作应该依靠全体教职工，而不能仅仅依靠思想政治理论课教师或专业课教师。提升高等院校全体教职工的育人意识，要以实事求是为原则，充分考虑高等院校教职工的人群特点。一方面，要选择合适的载体，利用各种现代化科技手段提升高等院校教职工的育人意识；另一方面，高等院校要以实事求是为原则对全校教职工的思想态势进行调研，通过对他们思想现状的准确把握，有针对性地提高他们的育人意识。

最后，在实事求是原则的指导下进行高等院校校园文化建设。一方面，高等院校要以实事求是原则提升校园物质文化水平，提升校园形象与风貌，对和谐的校园文化氛围进行营造，使学生在潜移默化中接受文化教育；另一方面，高等院校要以实事求是原则提升校园精神文化水平，经常开展校园实践活动，从而让学生的综合素质得到提高。

（四）坚持合理的说教

一谈到说教，很多人就会“色变”，其实在马克思主义理论体系中，说教有特定的内涵：说教过程就是马克思主义政党用系统教育、日常宣传、实践指导等途径，把马克思主义思想体系传播到工人阶级和人民群众中，让他们的头脑得到武装，帮助他们形成科学的世界观和方法论，为共同的理想而奋斗的过程。其实质就是科学理论与具体革命和建设实践的结合。

第一，说教的内容要有针对性。对于大学生思想政治教育工作，说教的一定要是具有针对性的内容，有利于培养高素质、自主性、批判性的人才，现阶段，一定要把说教内容的重点放在对大学生思想认识，以及现实问题的解决方面，对社会当前普遍重视的热点话题进行辩证、客观、科学的揭示，借以指导大学生的思维能力，培养其更加深入的分析能力。在培养大学生知识水平的基础上对生活实践能力进行提高。这样有助于提高说教原则的感染力和说服力。

第二，说教的内容必须坚持正反结合。随着经济全球化的逐渐深入，我国社会呈现出转型局面，形势复杂，给大学生的成长带来困惑和迷惘，如果只是单纯地使用正面的教育，那么就会显得苍白无力。所以，在进行教育的时候，可以适当地穿插反面材料。不能一味地回避社会转型时期面临的巨大困难，这样的说教更具说服力以及可信度，学生接受起来更加容易。

第三，方法必须具备多样性。说教原则在实施过程中必须坚持教育模式的启发和引导作用，不能强制地硬灌。随着当代大学生思想意识的独立，竞争意识的增强及法律意识的提高，自主性也大大增强了，要实现思政教育的作用，就必须要与时俱进，不断创新，做到理论与实践相统一，扩大说教的覆盖程度，重视说教过程中显性与隐形相结合的方法，提倡形象、环境、行为、校园文化、舆论、网络媒体，以及时间等多种方式相结合的模式。将这一原则充分融入管理、文体活动、校园文化及网络媒体之中，对大学生的思想意识造成潜移默化的影响。

第四，说教方法必须与自我教育相结合。说教不仅是思想政治教育工作实施的主要途径，还是传承社会文明的重要渠道。自我教育与说教原则是不相矛盾的，二者相辅相成，相互促进，自我教育及说教其基本目标是一致的。说教最终必须通过自我教育进行理解和消化，另外，自我教育也是以说教原则作为基本条件的，否则自我教育就会缺乏正确的引导。说教原则以其系统性、目的性及正面性使学生在自我教育的过程中避免了随意性、零碎性，有利于克服认识和理解上的误区。如果一味地否认说教原则的重要性，就等于否定了教育的必要性。

第五，说教的客体必须具备主体能动性。高等院校在开展思想政治教育的时候，进行教育实施的主体是教师，因此教师应该具备诱导性和能动性，占据主导地位。但是，大学生虽然是客体，也需要增强独立意识和自主意识，具备相应的主体能动性。由于大学生人格独立、重视自身感受、崇尚自我实现，因此，主体能动性更能激发大学生的自觉学习和研讨精神，实现自我教育，乐于接受灌输。只有不断实现客体的能动性，说教的价值才能得到提升。反之，如果不注重大学生主体性的发挥，使其思想和行为受到抑制，教师在说教原则实施的过程中只注重自我为中心，说教原则的目的就不容易实现，不利于大学生潜能的发挥。

第二节　高等院校思想政治教育的途径分析

一、高等院校思政教育的总略

面对日趋复杂的形势，高等院校要从战略高度审视思考思想宣传工作，强化协同作战思维，用好“组合拳”，这不仅是高等院校的职责所在，也是高等院校培养人才的逻辑起点。具体来说，高等院校必须要依靠广大教师和大学生，理论武器和实践武器并用，兼顾实体课堂和校园网络，切实提升师生的思想政治素质。

（一）紧密团结教师和学生

第一，要将广大教师和学生紧密团结起来，切实做好思想宣传工作。高等院校青年师生是加强思政育人的主要依靠力量，我们必须要充分团结青年师生。首先，我们必须要发动、组织和调动广大学生的力量，采取恰当的方法和策略，激发学生的担当意识，引导其忠于祖国、忠于人民，了解中华民族历史，秉承中华文化基因，有民族自豪感和文化自信心，把自己的理想同祖国的前途、把自己的人生同民族的命运紧密联系在一起，扎根人民，奉献国家。同时，还要着眼于学生的成长和发展，帮助其打牢思想和政治基础，使其不仅是在学校，而且未来走上工作岗位后依然是捍卫马克思主义的主要力量。其次，教师不仅肩负着教书育人的重任，也承担着思想宣传的工作。要充分发挥广大教师的积极性和主动性，组织和动员广大教师，切实发挥其在课堂教学中的主导作用，进一步加强其职业素养，按照习近平总书记提出的教师要有理想信念、有道德情操、有扎实学识、有仁爱之心的标准，加强对高等院校青年教师的引导和教育，培养德才兼备的高等院校教师队伍，充分发挥其在思想道德建设方面的引领作用。

（二）打好防御战和进攻战

我们不仅要打好防御战，抵制错误思潮的进攻和渗透，还要在打好防御战的同时，开展攻击战，以攻为守，适时出击，防御战和进攻战交织进行，不给错误思潮以可乘之机。首先，要强化阵地意识，筑牢高等院校宣传思想工作的战斗堡垒，旗帜鲜明地弘扬主旋律、宣传主流思想；其次，要强化政治意识，主流思想问题关乎旗帜、关乎道路、关乎国家的政治安全，因此要牢牢把握高等院校宣传思想工作的话语权和领导权，打好组合拳；再次，要强化主动意识，掌握战争主动权，加强对错误思潮各种渗透的研判，并采取科学合理的应对措施，主动出击，争取战略的主动权；最后，要强化战斗意识，对错误思潮的渗透和不法分子心怀叵测的不当行为敢于亮剑，勇于发声，绝不妥协退让。

（三）理论与实践相结合

不仅利用好理论武器，也要利用好实践武器。能否利用好理论武器和实践武器关系高等院校思政育人的成效。在理论方面，必须要加强高等院校师生的马克思列宁主义和共产主义的理想信念教育，坚定广大师生的道路自信、理论自信、制度自信和文化自信，增强他们对各种错误思潮的政治辨识力和抵制力，同时要加强马克思主义理论研究，推进理论创新，构建具有中国特色的社会主义理论体系，打造中国特色的话语体系，提升马克思主义的感召力和说服力。在实践方面，要深入挖掘各类实践资源，用实践生活中活生生的事例感染人、教育人，强化对马克思主义和中国特色社会主义的认同，在教育教学中强化实践支撑，组织开展各类丰富多彩的社会实践活动，在实践中感悟，在实践中提升，并将实践上升为理论。此外，还要善于将理论和实践相结合，在实践基础上加强理论水平，充分发挥人才优势，不断推进马克思主义理论创新，讲中国好故事，传中国好声音。

（四）重视网络宣传

将网络宣传思想工作放在和学校教育教学同等重要的位置。课堂教学是传递价值观的重要阵地，在课堂上要坚持正确的价值导向，开展正面教育，严格课堂纪律，传播正能量，坚决抵制错误思潮入课堂。同时，一定要驾驭好网络主阵地。当前网络打破了传统校园媒体的空间界限，将大学生的生活与外面的世界紧密联系。由此，网络逐渐营造出影响大学生成长成才的重要舆论环境。因此，高等院校必须要高度重视网络教育，将网络空间变为传播主流思想的主阵地，建好主流网络。在加强网络管控的同时，以校园微信公众平台等为依托，营造导向鲜明、形式新颖、内容丰富的网络环境，并及时发现一些苗头性、倾向性问题，对网络上的各种负面信息和不良思想的渗透予以坚决回击，消除负面影响，争夺网络话语权。进一步加强课堂教学和网络的协同配合，统筹规划，紧密连接，既要合理管控，又要充分发挥各自优势，引导学生树立良好的价值观。

二、以人为本的思政策略分析

（一）充分围绕学生

在应用以人为本理念来拓展与延伸高等院校教育教学工作时，全面学习、认知与领悟以人为本理念的概念及内涵是非常必要且迫切的。在教育教学管理领域中，以人文本理念则是以学生为核心，重视学生的成长需要与发展需求，重视对学生的鼓励与培养，一切教育教学活动的组织与开展都要围绕学生来进行，且所有教育教学活动都是从学生的成长与发展角度来进行完善与提升，从而推动学校培养人才的目标得以更好地实现。以人为本理念能够促进高等院校更加灵活且有针对性地来教育与管理学生，从而更有效率地提升学校教育、教学品质与效果，进而构建更加科学、高效的教学管理模式。

（二）不断转变与优化思维

在管理大学生时，教师发挥着重要指引作用。教育教学管理效率的高低直接受到教师管理与教育思维的影响。因此，高等院校及教师在构建良好的教管理模式时，首先必须要转变管理与教育的思维与理念，不断解放思想、实事求是、与时俱进、开拓创新，积极地运用先进的教育思维和以人为本的教育理念，来进行教学模式与教育方法的优化与创新，从各项教学活动中指导学生更全面地学习、成长与发展。与此同时，教师在优化教育与教学思路时，必须全面了解学生的成长需求与发展需要，针对学生生活、学习等方面来制定教育策略、创新管理模式，这样更能够提升高等院校教育教学的实效性与科学性，也能够更好地满足学生发展的实际需求，二者兼顾与统一。

（三）教学实践的多元化创新

面对当前单一、局限、机械的教育模式，单纯地从思想上改变是无济于事的，想法必须要落实到实践当中才能够发挥出成效。鉴于此，从教育教学方面，教师要积极推进高等院校教育教学管理模式的多元化创新，贯彻以人为本理念，强化学生主体性教学地位，给学生更多的空间和机会去探究知识，针对学生的学习现状来创新多样化的教学策略；同时也可以运用互联网技术来辅助教学，丰富教育教学的形式与方法，如多媒体法、微课、因材施教、小组合作讨论教学等，给学生提供更多的表现机会与发展空间，让学生能够更加灵活自如地发挥与表达，有益于学生活性思维与创新意识的培养。与此同时，从教育上要重视教育方法的改变与多样化创新，而从管理上也同样要重视方法的优化与创新，很多教师的管理思路和方式比较刚性，缺乏柔性管理的融合与渗透，没有将以人为本理念更好地诠释出来。因此，教师在管理学生时，要重视刚性管理与柔性管理的融合性应用，对学生实施刚柔并济的管理模式，这样对学生的管理更加科学恰当、松紧有度，更易于被学生所接受。此外，教育教学课程不仅要在传统课堂上开展，高等院校要重视多种教学实践教学与管理活动的组织与创新，给学生更多学习体验与实践感悟。教师也要多听听学生的意见和心声，了解学生在学习与生活中存在的困惑或者难题，最大限度地帮助学生解决问题，并教会学生学会正确处理问题的思维与方法，逐渐塑造学生专业能力与素养，促进学生更加全面的成长与成才。

（四）发挥教师的价值

运用以人为本的理念来优化教学管理模式，教师在其中发挥着不可估量的作用与价值。教师的综合能力与教学水平的优劣都会对教学效果产生直接性影响。因此，高等院校在构建与创新高等院校教育教学管理模式时，必须要重视师资队伍建设，定期开展教育培训工作，将以人为本的理念融入教育与培训工作中，以教师发展为核心，着力塑造教师的综合教育与管理能力，从专业性等方面给教师”充电”，引导与帮助教师转变教育思维与理念，提升教师的综合性能力与专业性水平，为学校教育与管理活动的更好组织与开展提供良好的师资保障。与此同时，教师自身也要不断与时俱进，结合时代的发展来不断优化自身的教育能力与技能，将以人为本理念应用到实际教学和相关管理工作当中，实现高等院校育人育才的目标。

（五）注重沟通与对话

首先，思政教育者应积极维护学生的权益，从学生的角度来思考问题，比如公平评定奖助学金、公正推荐党员候选人等，学生心里踏实了自然会自觉履行应尽的义务。通过这些方面的改革，必然会拉近教育者与学生之间的距离，让学生觉得老师不再单纯是管理者，二者关系也不再单纯是上下级关系而是“亦师亦友”的朋友关系。这样人性化的管理，定然会使学生在一个宽松自由、全面发展的良好环境中，满足成材的需要。

其次，如今学生所需要的是“对话”模式。传统的管理模式是”独白”式的学生管理，过于重“管”忽“理”，这种管理方式依然处于主从状态。而如今学生所需要的是“对话”模式，该模式也是时代精神在管理领域的回应。对话管理是在尊重个性的情况下，在真正民主、平等、尊重、信任、宽容的氛围中，以言语、理解、体验、反思、互动等交流沟通方式，实现管理价值目标的一种新型管理模式，是重视“理性”的管理模式。面对当前复杂多变的教育管理形式，为实现教育管理目标，就必须要变革学生管理模式，由“独白”走向“对话”，真正服务于学生。

此外，更重要的是使学生不知不觉地进入一种自我管理、自我教育、自我服务的自律氛围，通过学生的亲身参与在一定程度上提高他们独立处理问题的能力，从而实现了大学生在日常行为的主观意识上的自我约束。

（六）实现多主体参与

第一，可以动员任课教师参与学生思想政治教育工作。教师与学生有着密切的联系，更能直接了解学生的思想和需求，尤其是对于学习情境管理工作者来说。因此，管理工作者应该经常与教师沟通，通过教师了解学生的日常情况，无疑是一种非常有效的方式。

第二，宿舍管理员的作用不容忽视。因为宿舍管理员与学生朝夕相处，有天然的优势来了解学生的问题和需要，所以思想政治教育工作者要经常和宿舍管理员做交流，通过他们对学生的日常生活情况进行收集，及时解决学生的日常生活和心理问题，从而有效地服务于学生。

第三，建立非义务性质的学生自我管理队伍。建立非强制性学生自我教育团队的主要目的是把学生作为真正的主体，以勤工助学的形式参与到日常的学生思想政治教育工作中来。学生思想政治教育者来自学生，更了解学生的思想。这样，解决问题就更有针对性，使学生工作得以更好开展。

综上所述，学生管理新的多向管理模式是保持原有管理人员的直接管理不变，将部分管理职能转移给教师、宿舍管理员和学生管理员，加强与他们的沟通，构建完善高效的多向管理模式。

三、加强话语权的把握

重视“话语谋划”，旨在牢牢把握宣传思想工作的话语权，被动坚守不如主动出击。我们不仅要做好国内管理工作，更要积极参与宣传思想工作的国际研究与管控工作，不断增强我国传统文化和中国特色社会主义的国际影响力，从而提高我国主流思想的国际影响深度。

一方面，我国要对全球化背景下思想的多元化做好取其精华，主动参与全球化进程，加强宣传思想工作的战略研究与国际合作，为我国宣传思想工作的发展打造稳定和谐的国际环境；另一方面，要继续实施“走出去”战略，为世界走进中国、了解中国、认知中国提供平台，不断扩大我国主流思想的国际影响力。我们要打造诸如孔子学院这样的思想文化输出平台，推动“一带一路”的经济社会发展互惠措施，逐步增强我国主流思想的国际影响深度。借助现代传媒技术，尤其是”互联网+传播”这样的宣传技巧，积极向国际社会介绍、宣传中国经济、文化、社会、政治等制度，重点将我国优秀传统文化、主流思想的先进性、优越性、特色性展现给全世界，宣传好中国经济、社会发展给全世界带来的好处，以此增强世界各国对我国主流思想的肯定、认同与赞赏。

在这个过程中，我们可以充分发挥好新媒体的重要的作用，切实利用好网络这一前沿阵地。

四、重视思政教育与法治的结合

（一）融合法治的必然性

明确高等院校法治观教育对落实依法治国有着重要意义。增强大学生的法律意识，提高大学生的法律素质，是做好法治国家建设这门大学问的基础课程。这既需要法学专业人才的孜孜追求，也需要法治观下教育、培养大学生。

1999年3月第九届全国人民代表大会第二次会议通过的《中华人民共和国宪法修正案》确立了“中华人民共和国依法治国，建设社会主义法治国家”的基本思想，从此中国加快了法治国家建设的步伐。法治国家建设离不开全国人民的共同努力，当代大学生可以在这一历史进程中贡献自己的力量。基本的法律素质可为当代大学生投身于未来包括法治建设在内的国家建设保驾护航。党的十七大报告中明确指出：全面落实依法治国基本方略，加快建设社会主义法治国家[①]。这是对党的十五大提出的“依法治国，建设社会主义法治国家”[②] 的进一步发展和持续。

在依法治国基本方略的具体贯彻和实施过程中，高等院校法治观教育承载的是在思想政治教育中明确依法治国的基本内涵，明晰依法治国对于个人、公民、社会制度建设所具有的重大意义和切实利益，从而更好地带动当代高等院校大学生学习法治的热情和兴趣。高等院校法治观教育的意义就是通过这样的基础性工作来达到完善国家上层建筑，进而促进经济发展的目的。

1. 理论层面的需要

从理论层面来说，法治与德治相结合的治国方略能够得到有效贯彻与落实，在很大程度上就源于法律与道德相结合的正当性，在把握好法律与道德相结合的正当性之后，才能在实践之中促进“良法善治”的形成，促进人民良好生活的实现。

首先，法治与德治的价值重叠性是促成二者结合的基础。从道德与法律产生的思想条件来看，法律与道德源于人们对良好生活的追求，从二者所蕴含的价值理念来看，正义既是道德与法律之根，又是人类文明的基本共识与人类生活的根本理想，人们对良好生活的基本共识与根本理想，是衡量法律与道德良善的根本价值。法律有良恶之分，道德有善恶之分，但二者都是以“正义”为原则，又以“正义”为最终的价值目标。在社会生活中，法律与道德是基于人们的正义精神和正义目的而存在的。法律的正当性在于是否合乎正义精神和良善道德要求的。如果法律违背了正义或道德就会成为恶法，便会失去其存在的价值。因此，在法治建设中，不能只

---

① 中国共产党第十七次全国代表大会. 2007年10月

② 共产党第十五次全国代表大会. 1997年9月.

关注社会主义法律体系自身是否完善，更要确保法律既不能与良善的道德相背离，也不能与良善的道德精神相悖，这样才能有效抑制恶法的产生，减轻对人民的损害。道德自然需要正义，正义本身就是一条重要的道德原则，道德建设更是在维护和营造着社会的正义氛围。

其次，法治与德治的差异互补性构成了两者结合的逻辑前提。德治与法治各有其独特作用，也有其不足。这主要在于道德主要是通过社会教化与风俗习惯、个人良知与信念等，促使人们自觉形成荣辱感、羞耻感，进而达到趋善避恶。然而，对于那些道德良知欠缺的人，道德的作用便难以发挥，这就需要法律规范的外在强力，对恶的行为给予惩治，使人们对违法所带来的惩处后果产生恐惧感，进而达到趋利避恶的目的。在这一层面上，法律的使命是弥补道德自身的不足，确保了“善”的真正实现。此外，道德要求是多层次的，它既包含社会生活所需的基本道德规范，也包含高尚的道德要求。在社会生活中如果人人都以高尚的道德要求为准则，那么人们就能在它的引领下实现良好生活。然而，在现实生活中，这只能是一种理想。在社会生活中，一些人不仅达不到高尚的道德要求，甚至连基本的道德要求都做不到，甚至还会发生违法犯罪的情形，这时就要充分发挥法律作用。总之，法治与德治的结合是人们的思想和行为的内外兼治的必需，也是促进良好生活实现的应然

2. 应对当前现实的需要

从现实需要层面来说，一方面，最根本的前提是社会和国家的长治久安，法治不仅能够维护社会秩序，保持社会稳定，还在一定程度上能够给人民带来安全感，而安全感是法治社会的重要内容，也是人民活的最基本要求；另一方面，当前现实的需要意味着人们在社会生活中都能够获得尊严和公正，而法治就是维护尊严与公正的有效手段。同时，道德建设在人们的社会生活中也同样重要。“国无德不兴，人无德不立”，道德是实现中华民族伟大复兴中国梦的重要精神力量，是人们社会生活中的行为准则。在新时代，道德还是良好生活的重要指引。一方面，崇德向善的生活自古以来都是中华民族所追求的良好生活，而新时代的需要与实现更是人们在道德生活中得到的反思。因此，融合法治在一定程度上彰显了人民的道德价值认同。另一方面，人们对民主、法治、公平等新诉求不仅需要雄厚的物质基础、可靠的法治保障，还需要道德力量来引导，因为道德不仅能够

使人弃恶扬善，还能够通过良好的社会风气感染民众内心，引导人们规范言行举止，引导整个社会向着和谐、文明等人民所期盼的方向发展。因此，法治是安定天下、实现良好生活的重要保障，而德治是滋润民心、实现良好生活的重要指引，二者相互结合、相互支撑，才能实现更好的发展。

3. 做好历史借鉴的需要

（1）我国历史发展传统

从历史传统层面来说，我国自古以来就有德治与法治的历史。我国古代德治思想主要来源于传统儒家的“仁政”思想，强调统治者要施行德政，同时又强调要用道德来教化百姓。法治思想主要来源于法家，主要用法锄奸止恶，维护社会的秩序。虽然我国古代“德法结合”与当代“依法治国与以德治国相结合”内涵不大相同，但是都强调了国家治理要将二者结合起来才能实现国泰民安。早在西周时期，统治者就提出了“明德慎罚”的理念，达到以德服人，慎用刑罚，促使社会和谐，造就了“成康之治”，也为德治与法治相结合的论断奠定了初步的基础。周公以“礼”来维护宗法等级，把“礼”融入社会生活的各个领域，刑虽然具有惩戒作用，但其主要是以刑的威慑力来保障人们不违背礼的规范。相比于礼，刑作为维护礼的工具而存在，其地位与之后形成的“法治”有所不同，却也是我国古代的“法”。战国时期，荀子对礼与法的关系进行了深入的探讨。荀子认为，虽然礼在国家治理中起着重要的作用，但也不否认法对社会秩序的维护作用。他强调，统治者既不能片面强调礼的教化作用，而忽视法的作用，也不能一味地追求法的惩处作用，而忽视礼的作用，礼与法都是国家治理的重要手段。在此基础上，他提出了“隆礼重法”主张，并指出“礼”应当有法的社会规范功能，而“法”应当以礼为思想指导。由此来看，“隆礼重法”思想的形成也为我国礼法结合奠定了坚实的基础。

到春秋、战国时期出现了“德法分离”的现象并在秦王朝得到的全面的实践。秦王朝的统治者重视法家思想，秦始皇采用法家理论来治理国家，制定严刑酷法，实行“法治”，忽视德治在国家治理中的作用。秦始皇对人民的高压统治，引起了人民的强烈不满和抗争，最终促使了自身的灭亡。自秦王朝灭亡后，统治者对德治与法治关系进行了更好的处理。

汉武帝把“德主刑辅”作为国家治理的基本思想，并采取了引礼入法，加强了道德和法律的结合，从此中国开始走上礼法结合的道路。汉代以后，儒家思想成为历代统治者治国理政的主流思想，道德观念逐渐融入法的领域，使法既与礼相应，又互为表里。汉武帝时期，董仲舒提出了“春秋决狱”以儒学经典来审判案件，又以“春秋决事比”把儒家所倡导的礼仪观念融入了立法，使法向礼靠拢，进一步推进了礼法结合的进程。直到唐代《唐律疏议》的问世，标志着“礼法合治”思想的最终形成。

唐高宗时期“德礼为本、刑罚为用”的主张，促使礼法合治的道路走向了成熟。纵观历史，凡是只实行法治或只实行德治的统治者，都无法保持国家长期的稳定，甚至还对人民的生活造成极大的痛苦，而礼法合治的传统不仅使国家、社会处于稳定和谐状态，还出现了文景之治、贞观之治、开元之治、康乾之治等盛世太平景象，满足了人民对美好生活的期盼。当代依法治国与以德治国相结合无疑具有充分的历史继承性。

“礼法合治”是维护古代中国社会秩序的根本制度，也是古代中国治国理政的智慧结晶。从古代礼法合治的发展历程来看，从“为政以德”到“隆礼重法”，再到“引礼入法”，礼作为法的主流价值观，始终处于主导地位。

总之，礼法合治的思想打破了礼与法对立的局面，发挥了礼与法在国家治理中的相互作用。“礼法合治”思想以道德教化为主，主张礼与法、德与刑的相结合，这与当代所倡导的依法治国与以德治国相结合虽有所不同，但两者也有着密切的联系。

（2）西方德法兼济思想

纵观西方发展史，道德与法律的关系一直是各学派争论的焦点，法律在西方国家治理中尤为突出，而道德则是法律的重要补充。总之，西方的德法兼济思想大体以法为主，以德为辅，与我国礼法合治乃至依法治国与以德治国相结合的思想有着本质的区别。

在自然法体系下，古罗马法学家西塞罗（Cicero）对法律与道德关系进行了初步的探索，他的自然法思想是在古希腊的自然法学思想上发展起来的，具有很强的包容性。西塞罗认为自然法与道德是相互联系的，他指出：“只有当我们解释了主要的和普遍的道德原则后，才能发现法与权利的真正价值”，他进一步指出了法不仅能够有效地保障权利实施，其本身更是一种正义的美德，而正义又是道德的要素，奠基于自然法。此外，西塞罗继承了亚里士多德所提到的法律制定的要素，从道德层面上指出认定法与道德之间的关系，即良好的法是符合道德的，而邪恶的法是不符合道德的。由此，他不仅承认了法律与道德之间的关系，更指明了道德在法律制定中的重要性。

继西塞罗之后，阿奎那（Aquinas）也认识到了道德与法律间的紧密联系，但他看到了二者间的差异。阿奎那认为，法律与道德都能实现善，但是道德所反对的恶是可以通过道德教育来抑制的，而法律并不能禁止所有的恶，法律会对严重危害社会生活、损害人民利益的恶进行制止，例如：谋杀、盗窃等，阿奎那更注重法在人类社会生活中的作用。由此可以看出，阿奎那对二者关系的思索，对当代道德与法律关系的认识起到了深刻的影响，他也进一步指出了德法兼济的可能性。19 世纪，以富勒（Fuller）、德沃金（Dworkin ）为代表的新自然法学派兴起，并对法律与道德之间的关系进行了激烈的论战。他们在指出法律与道德具有必然联系的基础上，又对道德与法律二者间的关系进行了深入的探讨，进而指出具有法律品质的法律必须体现道德性，即法律必须以道德为基础，法律若缺乏道德性就不能称为法律。

从西方历史上来看，西方德法兼济思想也具有源远流长的发展史，虽其文化内涵与我国传统的礼法合治思想之间存在较大的差异，但也证实了法治与德治相结合并不是中华文化所特有的，而是中西方国家在社会发展中都提到过的问题。

（3）马克思主义法治与德治相结合思想

马克思、恩格斯的法治与德治相结合思想是依法治国与以德治国相结合的重要理论来源。马克思、恩格斯在对“法治”的论述中，认为法律的制定既是物质生产规律的客观反映，又是受一定的社会物质生活条件的决定。因此，法律是上层建筑的组成部分。法律随着社会物质生活条件的发展而不断地完善。虽然马克思、恩格斯恩认为经济对社会发展和法律的发展起着决定性的作用，但并未否认宗教、道德对其发展的影响。马克思、恩格斯在对“德治”的论述中，认为道德作为一种社会意识形态，其产生也反映了一定社会经济条件。在阶级社会中，不同的社会意识形态反映了一定的社会经济基础，道德是观念上的上层建筑，是因为与其相适应的经济基础的需要而产生。因此，法律与道德在本质上都是由社会物质生活条件所决定的，并随社会经济的发展而不断完善。此外，马克思、恩格斯以人的自由与解放作为最高尚的道德理想和价值追求，这就意味着人类既要摆脱对神和物的依赖，又要摆脱人对人的奴役，也表明要实现人的全面解放与全面发展，全人类的自由和解放，必然离不开法律制度的构建和完善。正如恩格斯所说："如果不谈所谓的意志自由、人的责任能力、必然和自由的关系等问题，就不可能很好地议论道德和法的问题"。因此，要实现人的全面发展、自由和解放就要充分发挥道德与法律各自的作用，以及他们之间的相互作用。

马克思、恩格斯的法治与德治相结合思想，为我国当代的依法治国与以德治国相结合的思想提供了科学的指引。从我国的法治与德治相结合的历程来看，毛泽东时期的法治与德治相结合思想主要体现在：一是坚持人民民主法制思想，强调依法办事，颁布了社会主义国家的法令制度，制定了宪法，稳定了国家政权。二是强调思想政治工作的生命线作用，重视道德的作用，为马克思主义中国化的依法治国与以德治国相结合思想的产生奠定了基础。改革开放后，邓小平同志强调加强社会主义法制建设的重要性，为我国法律体系的初步形成奠定基础，同时在道德建设方面，他强调要培养"四有"新人，可见其既注重法制建设，又注重道德建设。江泽民同志在党的十五大报告中多次提到了"依法治国"①，开启了我国法治建设的新篇章。江泽民同志在2001年的全国宣传部长会议上提出"我们要把法制建设与道德建设紧密结合起来，把依法治国与以德治国紧密结合起来"②。这既是对我国传统治国经验的继承，也是结合时代发展需要所提出的彰显现代政治文明的新型治国方略。胡锦涛同志在继承江泽民同志的依法治国与以德治国相结合思想的基础上，进一步促进法治和德治的新发展。胡锦涛同志在纪念现行宪法颁布施行20周年大会上的讲话中指出："要坚持把依法治国与以德治国相结合起来，不断加强全民族的思想道德建设，促进依法治国基本方略的实施。"党的十八大以来，习近平总书记继承并发展了毛泽东、邓小平、江泽民等相关法治与德治相结合的思想，并根据新的时代动向，对依法治国与以德治国相结合进行了更为深入的探讨。新时代背景下，人民美好生活的实现离不开法治与德治的共同发展，

---

① 中国共产党第十五次全国代表大会. 1997年9月.

② 全国宣传部长会议. 2001年1月

法治是德治的保障，坚持以法治承载道德理念，德治又是法治的基础，坚持以道德滋养法治，要使法治与德治有效地统一于中国特色社会主义建设之中。这些思想进一步丰富和发展了马克思主义中国化的依法治国与以德治国相结合的治国方略。

纵观我国当代依法治国与以德治国相结合思想的形成和发展的历程，可以发现，只有不断地实践与总结，才能促进理论的发展，只有立足于本国的基本国情，才能实现理论的创新。

（二）师生严守“法治观”

1. 坚持“三个方向”性的问题

（1）对古代传统法律文化的借鉴和吸收

现代法治是一个舶来品，中国的现代法治缺乏本土化的传统根基是一个不争的事实。而如何能够平衡两者之间的关系，尤其是在二者发生冲突时，使受教育者有一个相对比较清楚的认识是在法治观教育中必须重视的课题。如何借鉴并吸收中华优秀传统文化，不仅具有理论价值，更是法治观教育和法治发展维持长久生命力的源泉和动力。要做到传统文化与现代法治的平衡就必须认识到，对传统文化的深入认识和保持对现代法治的有效对接是一项长期而艰巨的任务，要在这个过程中体现真实性，才能够在当下的法治观教育与价值构建中起到作用。中华文明是历史传承最为完整、最有承接性的民族文明。中国传统文化是我们中华民族经过几千年来的创造、发展、吸收、融合、批判、扬弃而逐步形成的一个内容非常庞大而又繁杂的复合体。

对待古代传统，要坚持规范性与渐进性的统一，不能同传统一刀两断。坚持不是故步自封、墨守成规，发展也不是摒弃传统。历史给我们积累了博大精深、影响深远的法治文明，古代法制中有很多超越时空、具有普遍价值的合理性因素，有生命力的内容，我们要取其精华部分，融合现代社会实践，使其发挥更强大的生命力，如依法治国与以德治国的提出就是基于传统立足现实的典范。但与此同时，中国封建文化中的礼法不分、天赋王权等思想，很显然已经不能适应现代社会的法治思想和时代精神，我们对此只能去除，只能作为研究历史视角的一部分。源远流长的传统文化赋予思想政治教育以强大的力量和精神，这使得我们在法治观教育过程中既要坚持正确的价值观，又要引领多元文化；既要有思想政治教育的自信心，又要有对多元文化的包容心。我们必须清楚地认识到对待悠久的历史和传统，要延续生存，就必须随时代的变化而做出相应调整，而每次的调整变革都需要根据计划与实施、理想与现实之间的差距。变革之后，根据效果及时做出调整，才是保证改革成功的必经之路。

（2）对西方法治文化的借鉴和吸收

对西方法治的借鉴和吸收是中国法治发展无法回避的现实选择。西方法治理论和实践有着深厚的积淀，在对待西方法治的问题上，要注意防止照抄照搬，要坚持开放性与选择性的统一，要兼容并蓄、海纳百川。在法治观教育的课堂上不难发现，如果一味地遵循西方法治的逻辑则很难契合中国的具体情境。

因此，避免法治过程中的法律虚无主义和法治浪漫主义的思潮影响法治观教育，理性而谨慎地看待才是思想政治和法治观教育应有的态度。

（3）坚持马克思主义法治思想

在对待马克思法治观的问题上，受到学界马克思哲学观思潮的影响，存在着“工具论”及“实践论”的解读，而对马克思本人的法治观重视不够，轻马克思法治重西方法治的法学倾向一度影响了法治观教育研究者的研究思路。事实上，马克思的法学观点中包含强烈的对人的尊严和自由的人文关怀，这些实际上与法治的精髓相契合。但马克思的一些法学观点并没有得到足够的重视。马克思指出：“法的关系正像国家形式一样，既不能从它们本身来理解，也不能从所谓人类精神的一般发展来理解，相反，它们根源于物质的生活关系。”这些马克思主义法学基本理论观点理应成为法治观教育的组成部分。因此，在高等院校的思想政治教育中应该切实挖掘马克思主义法治思想，将思想政治教育和法治教育相结合。

2. 切实优化思政与法治结合的两大途径

（1）发挥课堂教学在高等院校法治观教育中的主渠道作用

创新是国家发展的不竭动力。高等院校是创新人才培养的重要阵地，为学生的全面发展和个性发展提供支持，法治观教育方法的创新是一种尝试。创新是当下时髦的语汇，我们在讨论方法创新时必须坚持的一个前提基础，是传统与经典教育方法的永不过时和科学性。利益主体的多样化带来价值观念的多样化，坚持思想政治教育的同时，还必须善于利用法治来调控人的行为，进而达到提高人的思想道德素质水平的目的。法治观教育是思想政治教育的组成部分，应与思想政治教育相契合，遵循思想政治教育的一般规律，但法治观教育的创新一定要建立在中国文化的根基之上才能保证创新的持久性和适合性，而基于法治观教育的特殊功能与使命，法治观教育理应有自己独特的方法和艺术。法治观教育的发展潜力在于知识间的交叉和融合及不同语类的比较，比如法律和道德。而法治观教育要在方法上有所创新就需要不断地进行知识积累和学科交叉研究，法治观教育应该是人文教育和素质教育的结合，加强法治教育和道德教育的结合正是适应新需要的积极反映。“思想道德修养与法律基础”是思想政治理论课的组成部分，同时也是法治观教育的重要阵地。有学者提出《法律基础》“被合并”是法治观教育弱化的表现，对此本书做意见上的保留。理由在于从中国国情的具体实际出发，这不是弱化，“德治”与“法治”教育的结合将有效地促进社会道德和法律基本要求的内化，以及受教育者主体道德法律意识的外化，也提供了更适合法治观教育的土壤和更强大的生长空间。道德教育和法治教育有机结合体现了马克思主义关于人的全面发展理论，贯彻了依法治国与以德治国相结合的治国方略，顺应了新时期大学生成长成才的发展规律。从一定意义上讲，法治观教育是对传统思想政治教育方法的创新和突破，为思想政治教育方法论的发展提供了新的思路，如果说思想政治教育是做人的工作，那么法治观教育的新方法则提供了切实可行的显而易见的证据。素质教育是面向学生的全面教育、差异教育、成功教育，也是面向学生的平等教育、个体教育。

（2）积极探索法治观教育第二课堂的新形式

大学文化的核心在于大学精神。张扬个性、崇尚自由与政治价值选择，与主流意识形态不是矛盾体，坚持主流价值也不能简单地同学生的思想一致画等号。第二课堂的实施丰富了思想政治教育工作的形式和手段，可以增强法治观教育的针对性和科学性。但仅仅依靠法治观教育不能满足大学生对人文精神和更高精神价值的追求，在当前社会经济和政治文化形态中，法治观教育提供了大学生对人文精神追求的重要基础——对个体权利的保护，对生命的尊重和保障。法治观教育的第二课堂要坚持科学精神与人文精神的统一，同时也要坚持管理性与教育性的统一、自律性与他律性的统一。要创新模式就要从学生的实际出发，同学生做朋友，寻找新途径。要善于解决学生的问题，在互动中达到提升思想认识的目的。第二课堂突破了教室的局限，给思想政治教育工作者以更大的工作灵活性和发挥空间，能够在广阔的实践中提炼并汲取思想养分，提炼出真知灼见。因此，我们一定要高度重视法治观教育在第二课堂的实施。而在第二课堂的创新探索上，教育部于 2011 年底颁布的《社会主义核心价值体系融入中小学教育全过程指导纲要》[①]（以下简称《纲要》）对中小学法治观教育提出的指导原则为我们的大学生法治观教育提供有益的借鉴和思考。《纲要》指出：法制教育可到人民代表大会及其常务委员会会场、法院、律师事务所、监狱、少管所结合德育等课程和法制专题教育的要求，了解立法（含地方性法规）的民主过程，旁听案件的审理过程，开展模拟人大、法庭等活动，参观监狱和少管所。因此，我们很有必要在法治观教育的第二课堂中积极探索模拟法庭、模拟人大的形式，这样就真正做到了参与式、探索式的教育方式，也更容易激发学生的学习兴趣。

3. 国家层面的法治保障是基础

需要认识到的是，加强法治教育与思想政治教育的结合不仅需要高等院校方面的自身努力，也需要国家和社会方面的关照，以营造良好的国家和社会氛围，给予学生更好的潜移默化的影响。这样才能对学生的思想政治素养发展产生良好的影响。下面，本书将从更为宏观的国家和社会角度来说一说如何将德治与法治相结合。

（1）加强法治建设的道德关照

①推进立法工作的科学化

“立善法于天下，则天下治；立善法于一国，则一国治。”科学立法的核心在于尊重和遵循客观规律，这就要求立法工作者要以科学的态度，进行深入的调研，如此才能体现社会各阶层的真实诉求，从而实现立法的科学化。总之，法律的制定必须要以科学性为前提，只有科学立法才能塑造良法。因此，推进立法工作的科学化是法治现代化的基础。

推进立法工作的科学化，首先，要提高立法人员的政治素质和专业素养。立法既是一项法律工作，又是一项政治工作，它涉及我国重大方针政策的调整，以及重大体制的改革。立法人员只有保持坚定的政治立场，才

① 教育部. 社会主义核心价值体系融入中小学教育全过程指导纲要. 2011 年.

不会偏离社会主义发展的轨道；只有具备敏锐的政治眼光，才能准确引导社会关系的发展；只有具备高度的政治责任意识，才能使决策体现出人民群众共同的愿望。同时，立法人员的专业素养也是实现科学立法的重要条件。因此，立法人员应加强自身的专业素养，提升个人在经济、法律、政治等领域的专业知识，从而提升立法的科学化。其次，推进立法工作的科学性，要广泛征求民意，提高立法的可执行性。法律的制定就是通过实施法律来解决某一领域的突出问题，如果法律不能有效实施，那就失去其产生的目的。因此，在立法的过程中，要科学严密地制定法律规范，推动立法的精细化，从而能够及时有效地规避与社会发展不相适宜的法律的产生，确保法律的制定与修改能够行得通，从而提升立法的科学性。此外，对涉及人民群众切身利益的事情，应广泛听取民意，公开向社会征求意见，健全公众意见反馈机制，凝聚社会共识。最后，推进立法工作的科学化就要完善立法协调机制。在立法的过程中，要注重不同利益群体之间的相互沟通与协调，充分听取各方的意见，及时解决立法过程中存在的重大分歧。此外，要积极构建司法机关与立法机关的良性互动机制，切实地反映立法的需求与法律实施过程中存在的问题，为提升立法的质量和科学性提供依据。

②落实执法工作的规范化

“天下之事，不难于立法，而难于法之必行。”法律的生命力在于实施，而在法律实施的过程中，执法人员能否始终捍卫公平正义，能否践行权利与履行义务是评判执法工作规范与否的重要标准。

要落实执法工作的规范化，首先，要加强对执法人员的道德教育力度，提高执法人员的职业道德素养，引导执法人员树立正确的权力观和利益观。行政执法人员在执法工作中，应准确处理各类利益主体之间的关系，始终将国家利益和集体利益放在首位；同时，在执法过程中要坚持“为人民服务”的原则，在严格规范执法的基础上要为人民群众提供热情、周到的服务，以此来拉近同广大民众之间的联系。在执法的过程中也要保持友善的态度，提供优质的服务，确保行政执法权的规范行使。此外，对于执法人员来说，不仅要知法懂法，还要提升业务素质，执法人员不断地提升业务素质，并提高自身的群众意识，才能在执法过程中充分考虑到人民群众的合法权益。

其次，要注重完善执法公开监督机制，搭建信息公开网络平台。执法人员应当及时高效地在网络平台上公开执法流程，保障社会公众的知情权，同时也要调动社会公众的积极性，对执法人员进行有效的监督，防止执法不公等现象的出现，为依法执政提供外部的监督。此外，还要落实责任追究制度。为确保执法监督工作落到实处，应当进一步落实责任追究制度，以此来约束行政执法人员权力的行使，从而确保其在履行职责的过程中以法律为准则。对于不能正确履行法定职责的执法主体，努力推行执法办案终身责任制，坚持做到问责有人。

③规范司法工作的公正化

“为圆必以规，为方必以矩，为平直必以准绳。”司法是保障公正的最后一道关口，司法公正是社会公平正义的最后一道防线。这深刻地揭示了司法公正的重要性。司法公正既涉及人民生活幸福与否，又牵涉到国家能否长治久安。

要实现司法工作的公正化，首先，要提升司法工作人员的专业素养。当前，网络舆情对司法工作产生了一定的干扰，影响了司法工作的公正性。因此，司法工作人员要提高自身的约束力，减少外围环境对自身的干扰。司法工作人员在解决纠纷的过程中，如果缺乏一定的约束力，就很可能受到外部环境的干扰，导致司法结果偏离法律的方向，进而影响司法工作的公正性。此外，司法工作人员也要提升自身独立审判的能力。在面对情感化的民意干扰时，司法工作人员要保持独立审判的能力，在复杂的舆论环境中合理判断人民的诉求，进而以法定程序解决人民的诉求。司法的过程就是高度追求社会公平正义的过程，司法工作人员要忠于法律，如果一味地迁就于民意而忽视法律的作用，也会降低社会公众对司法公信力的认可。

其次，要加强规范化建设，完善监督机制。监督不仅能够有效防范司法过程中存在不公现象，还能及时有效地给予一定的矫正。从司法机关自身来讲，完善司法机关的内部监督，一是要加强检察院对法院的监督。检察院在对法院进行监管的过程中，是以法律为准则来完善监督程序与细则的。二是要完善司法监督机制。在司法工作的过程中，既要对案件处理的过程进行监督，又要对司法人员行为进行监督，使监督落到实处。同时，也要注重外部监督。正确发挥人民群众与媒体的监督作用，是有效实施外部监督的关键。因此，要构建完善的群众举报体系，为群众上诉提供有效的渠道，同时也要及时纠正人民群众对司法工作中提出的不足，确保公平正义。此外，要还注重对媒体的引导使之形成有序的监督态势，实现社会监督目的。最后，要完善信息发布和公开审判机制，推进司法工作的公开化。要实现这个目标，就必须贯彻司法为民的服务理念，满足人民群众多元司法需求。此外，知情权是人民参与司法过程的重要保障，法院应当积极满足人民群众的知情权，通过自身网站、公众号的建设来不断完善信息机制，增强工作的透明度。此外，还要注重与媒体之间的互动。网络媒体作为当今社会信息传播的重要途径，司法机关应加强与媒体之间的交流与合作，增强媒体报道的事实性与法律性，使各类媒体成为增进司法公正的社会因素。

④增强守法工作的全民化

“法者，天下之准绳也。”只有社会成员信仰法律，法律才能发挥其应有的作用。因此，提高公众的法治意识，培养全社会的法律信仰，才能切实推进全民守法。要实现全民守法的社会氛围，首先，要充分发挥领导干部带头守法，正所谓“欲流之远者，必浚其源泉”。抓住了领导干部这个“关键少数”，就牵住了“牛鼻子”。领导干部只有带头学法懂法，掌握法律法规，才能把握做事的尺度。其次，要创新普法的形式，提高公民的法律素养。普法教育对于全民守法有着重要作用，尤其是在信息时代，网络为法律的宣传提供了便利的条件。合理运用网络媒介传播法律知识，不仅能够提高人们的法律素养，还能潜移默化地帮助人们树立法治观念。通过网络媒介创新普法形式，让各式各样的法律宣传进入人们日常生活中，让人们切实地感受到法治带来的好处，同时也激励着人们主动学习法律知识，真正实现心中有法，进而做到遵纪守法。最后，要推进守法的全民化，切实地实行违法惩戒与守法奖励并存的制度。每个人都应该为自己的过错付出相应的代价。人们只有明白了违法和守法的界限，才能清楚地区分违法和守法所带来的行为结果，进而促进人人守法目标的实现。因此，可以建立信用征信制度和失信被执行人信用监督、威慑和惩戒法律制度等。一方面，通过守法诚信的褒奖机制，激发人们遵法、守法的热情；另一方面，通过违法失信行为惩戒机制，对违法者采取惩罚的措施，引导违法者知法，最终使遵法守法成为全体人民的共同追求和自觉行动的目标。

（2）加强道德建设的综合保障

①强化道德建设的法治保障

道德是人们在社会生活中所形成的共识，不具有强制力，主要靠个人的自觉性来实现，而法律则以其强制性可以弥补道德约束的不足。近几年来，社会道德失范现象时常出现，这些现象在一定程度上与我国的法治建设不完善有着密切的联系。因此，没有法治的保证和支持，只依靠道德手段，社会秩序很难得到维护，加强道德建设的法治保障也成必然。

实践证明，把人们普遍接受的某些道德准则以法律的形式确定下来，不仅能够解决社会道德失范问题，还能丰富与完善社会主义道德体系建设。法律是最基本的社会规范，也是道德的底线保障。对于严重危害社会发展的问题，仅靠道德的作用，在很大程度上并不能达到理想的效果，必须要用法治的强制手段来保障道德的实施。“人无信不立，国无信则衰。”诚信的缺失严重地影响了我国道德建设的进程。因此，加强道德建设的法治保障就要用法治来解决道德领域中的突出问题。用法治来解决社会诚信问题，有助于引导人们树立正确的义利观，进而缓解诚信缺失的问题。在明确的法律保障下，加强社会诚信建设，构建覆盖全社会的信用体系，健全失信违法惩戒机制，切实地将诚信落到实处。例如，加大对食品和药品安全的监督，让见利忘义者付出应有的代价，就是一个有效的措施。总之，某些社会道德规范只有得到了相关法律法规的支持，才能发挥其应有的作用。最后，加强道德建设的法治保障还要树立严格、公正的执法理念。严格执法不仅具有法律意义，也是维护着公平正义的道德价值取向。习近平总书记指出：“决不允许让普通群众打不起官司，决不允许滥用权力侵犯群众合法权益，决不允许执法犯法造成冤假错案。①”因此，执法人员应当树立严格、公正的执法理念，确保人民群众能够真正获得公平正义之感，进而促进社会公平与正义的实现，传递公平正义的社会道德价值观念，彰显善行的美德。

②营造良好的道德建设社会氛围

道德建设不仅需要法治的保障，还需要良好的社会环境来滋养。以网络传媒为例，在信息多元化的时代，传媒作为道德传播的重要载体，受到众多利益的驱使，成为娱乐明星们传播自身价值理念的传输工具，导致一

① 中央政法工作会议. 2014 年 1 月.

些人的价值观念发生了扭曲。还有不少媒体工作者为了追求阅读量，公然引导舆论的导向，对网络舆论环境造成了极大的破坏，使道德规范的权威性遭到质疑。

营造良好的道德建设氛围，就要坚持正确的价值导向，加强舆论管理。“舆论导向正确，是党和人民之福”。在信息时代，坚持正确的价值导向是宣传工作的重中之重。媒体承担着促进国家发展、民族昌盛、社会文明进步的历史责任。媒体的价值导向，尤其是新闻媒体的价值导向，直接决定了题材的类型、制作的方式及效果的影响，甚至能影响对受众的塑造。如何坚持价值导向，首先，要意识到，群众利益无小事，要把党和人民的利益始终放在第一位。媒体应当把新闻的视角延伸到普通百姓的日常生活中，关注人们的生存状态、情感世界、利益诉求。此外，还要注重加强媒体工作者的职业道德修养，也就是使媒体工作者坚持实事求是，树立强烈的社会责任感，规范信息宣传，为社会主义道德建设营造良好的舆论环境。其次，要在全社会树立榜样精神，发挥榜样群体优秀道德品质的示范作用。一个道德模范就是一个榜样，一个榜样就是一面旗帜，一面面旗帜汇成了社会的主流价值观。“最美教师”“最美司机”“最美逆行者”……他们都是坚守在自己工作岗位上的平凡人，但他们身上闪烁着社会主义的道德的光芒。从我国的发展历程来看，不管经济怎么转型、社会怎么变革，不管价值观念如何多元化，在绝大多数中国人心中，美好的道德追求和职业操守并没有被颠覆，道德模范始终得到公众崇敬。总之，要充分利用道德模范先进事迹和优秀精神开展生动形象的榜样教育，引导人们树立正确的道德观念。

③优化道德建设的评价体系

道德建设不仅需要外部保障，还要注重道德内部建设的提升。公正合理科学的道德评价能够引导人们提高自身的道德素质，进而提升社会道德水平。因此，在新时代背景下，优化道德评价体系更是关系到我国社会主义道德建设的进程。近年来，随着我国进入经济新常态阶段，道德评价的标准更呈现多元化趋势。道德评价深受个体知识水平和社会环境等因素的影响，很难形成统一的道德评价。从道德评价标准来看，科学、合理的德评价必须以马克思主义实践观为准则。坚持批判的实践观态度，是把握正确的道德评价标准的关键所在。马克思指出“凡是把理论引向神秘主义的东西，都能在人的实践中，以及对这个实践的理解中得到合理解决”。因此，道德评价应当深入实践，贴近实际，只有把实践的理念与道德评价标准相结合，才能确保合理的道德评价标准的制订，推进社会主义道德实践发展，才能充分掌握道德评价的方法，提升人们的道德素养。另外，优化道德评价体系，要统一道德评价体系的内容。道德评价就是人们依据一定的社会的道德标准，通过舆论或个人心理活动等形式，对已经发生的行为进行或善或恶的判断。从道德建设的历程来看，公民基本道德规范建设的完善，能够丰富道德评价内容，优化道德评价体系。中共中央 2001 年 9 月印发实施的《公民道德建设实施纲要》对道德建设的地位、指导思想、方针原则，以及道德实施做出了详尽的规定，为道德评价的内容提供了参考。进入新时代，我国道德建设也面临的新的挑战。中共中央、国务院 2019 年 10 月印发实施的《新时代公民道德建设实施纲要》，对道德建设提出了新的要求与目标，这既是对公民道德建设地位的再次巩固，又进一步对我国道德评价的内容进行了优化与统一，为我国现阶段道德现状的改善提供了坚实的基础。

（3）促进法治和德治的共同发力

①实现法治与德治二者的协调与互补

法治与德治在规范人的行为，调整社会关系上各有其独特作用，同时还能相互补充。社会治理的有效实现，必然要采取合法有序、合理有德的综合治理体系为基础的方式，而不是对道德与法律仅取其一的单一治理方式。

首先，要注重自律与他律约束方式的互补。在约束方式上，法律以外在的强制力来使人们维护社会秩序，主要是他律的形式。而道德则是依靠传统习俗、社会舆论和内心的信念对人们的行为进行劝导，主要是自律的形式。社会的有效治理需要自律与他律相互作用来完成。一方面，法律的他律性需要自律的辅助才能实现。判断一个社会法治发展的状况，不仅要关注于法律制定的数量、质量，更应注重法律实施的效果。法律的有效遵守是自律与他律的统一。从我国法治发展的历程来看，即便是以国家意志形式制定的法律，若不以自律为前提，就难以被广大人民所理解，就难以成为人们的自觉性行为，这样法律就只能浮于表面，软弱而无力。此外，违法者所引发的自责心理是法律实现的道德前提。法律的目的就是让人民守法而不违法，知耻是守法的最后一道防线，法律可以通过其强制力迫使人们守法或对违法者进行处罚，但并不能确保人们在任何情况下都能坚守法律。只有道德上的知耻才是守法最持久的力量。因此，法律上的他律也只有转化为自律，才能发挥最佳的功效。另一方面，道德自律的形成也离不开他律的保障。道德内化的过程是他律向自律的一个过程，自律必须要以他律为保障。从我国道德建设的历程来看，人们对道德的认同，离不开道德教育对人们的觉悟的提升，也离不开法律法规对人们的道德底线的坚守。道德上的自律与他律结合在一起，才能相互补充，才能促进社会和谐，促进人民良好生活的实现。

其次，要注重法律与道德在规范要求层次上的互补性。从规范要求层次上看，法律是基于社会发展的需要而对社会成员提出的基本要求，通过惩恶来达到利己不损人。而道德则是维系社会发展的最低限度的要求，不仅要求做到不损人，还要求要做到利他。从这一层面看，法律只体现了道德较低的层次要求。此外，法律与道德的目的都是惩恶扬善，道德的劝善能够对社会成员起到深远的影响，法律的惩恶能够促进道德的弘扬。因此，法律的惩恶与道德劝善要相互补充，才能有效地约束社会成员的行为，营造良好的社会氛围。

最后，要注重法律与道德在调整范围上的互补性。在社会生活中，由于法律条例的明确性，使法律本身指明了其操作范围与情景，进而在一定程度上限制了法律的调节范围，一旦出现法律没有规定的情形，执法者和守法者将无所适从，甚至会有人“钻法律的空子”。此外，一些社会行为虽不合乎伦理道德，但并不构成违法犯罪时，法律是无法追究其责任的，这就需要道德来进行调整。可见，法律和道德在调整范围上，既有重叠又有分工，在法律不能调节的领域，需要道德来弥补法律的不足，从而使二者在社会调节中形成互补。

②为法治与德治二者的发展奠定社会物质基础

马克思主义认为，物质生产力是全部社会生活的物质基础，是最活跃的革命因素，是社会发展的最终决定力量。因此，社会生产力的高度发展是实现人民发展的必要条件。改革开放以来，我国的经济实力不仅得到了大幅的提升，人民物质生活的质量也得了极大的提高。尤其是2010年，我国成为全球第二大经济体，国内生产总值的总量超过了日本；2016年国内生产总值达到了73万亿元，社会生产力水平的显著提高，使人民的生活实现了从贫穷到温饱，从温饱到小康的质的跨越。2021年12月3日，习近平总书记在主持召开中共中央政治局常委会会议时，宣布我们完成了脱贫攻坚的伟大历史使命。可以说，物质的富足在一定程度上满足了人民物质文化需求，也为人民的生活奠定了物质基础。

中国特色社会主义进入新时代，人民对道德建设和法治建设的需求日益高涨，期盼着整个社会能够崇德向善，自身的权利能得到保障，然而当前民生、道德、法治等问题日益暴露，延缓了相应的进程，要解决这些问题最根本的途径就是提高社会生产力水平。从我国社会生产力发展历程来看，社会生产力水平的提高不仅增加了社会物质财富总量，为我国法治建设和道德建设的持续发展奠定了物质基础，还促进了人民法治意识和道德意识的提升。"仓廪实而知礼节，衣食足而知荣辱"。随着社会生产力水平的提高，人们的生活、生产方式发生了变化，社会关系也变得更加复杂多样，人们对现有的社会治理体制提出了更高的要求，逐步认识到法律与道德作为社会治理的重要手段，两者之间存在着相互的关系，即单一的法律或道德规范都不能满足社会治理体制的需求。两者需要结合起来，而结合又有一个基本的前提，就是充分发展生产力。也就是说道德与法律规范的完善与发展都是以一定的物质生产为前提的，并受生产力与生产关系制约的。

社会生产力水平的提高，不仅促进了人们对法律与道德关系的更深层认识，还为法治与德治相结合奠定物质基础。当前，人们对社会提出了更高的要求，人们越来越多地将目光由生存权转向社会尊重、政治参与等发展权之上，人们不仅期盼着一种更为富足的物质生活，更加期盼着一种更为丰富的精神文化生活。十九大报告中明确中，"推动社会主义精神文明和物质文明协调发展"① 等重大论断就反映了这种需求，法律与道德不仅是社会治理的重要手段，也是人们物质生活与精神生活结合体的保障，两者相互协调才能满足社会治理体制的迫切需求，也才能保持人民物质生活与精神文化生活的协调统一。因此，在新时代背景下，大力发展生产力，提高社会生活水平不仅能够为法治与德治相结合奠定坚实的物质基础，还为人民提供更为富足的物质生活和更为丰富的精神文化生活。

---

① 中国共产党第十九次全国代表大会. 2017年10月.

③加强法治建设与道德建设的人民性

马克思主义认为，人民群众是历史的创造者，是社会发展的决定力量。在国家治理中，人民是主体，这就决定了我国法治建设与道德建设的过程中必须注重人民的意愿，发挥广大人民的主动性和创新精神。

加强法治建设的人民性，首先，要坚持法治为了人民、造福人民、保护人民。加强法治建设就要把以民为本的理念落实到立法、执法、司法和守法的各个环节中。具体而言，立法要充分地反映人民群众的意志，满足人民群众的正当要求；执法要坚持严格执法、文明执法、公正执法，以人民权益为宗旨，以有力的执法来保障人民利益；司法要坚持司法为民，深入群众，让人民真正地感受到公正正义，实现人民对社会公平期盼；守法要引导人民学法、懂法，让法律深入民心得到人民的尊重与敬畏。其次，要坚持法治建设依靠人民。人民是一切社会活动的主体，在法治建设中，人民群众既是参与主体，也是受益主体。一方面，要加强人民群众的广泛参与。法律条例的制定与实施离不开广大人民群众的支持与响应。要引导人民行使建议、批评、监督等权利，加强人民群众的参与度，提高人民群众的法治意识和法治思维，促使人民群众主体性得到有效的发挥。另一方面，要坚持人民满意的评判标准。法治建设是我国社会主义建设的重要内容，离不开人民群众的力量，而人民群众作为法治建设的受益主体，对法治建设是最具有评判资格的，也是最具有发言权的。因此，法治建设的评判标准无论是从法律法规的制度体系，还是法治运行的各个实践环节，都应考虑到人民群众的实际需要，注重人民群众在法治建设中的体验与感受。

为人民服务是社会主义道德建设的核心，因此道德建设应当立足于人民群众，并以广大人民群众的利益为核心。加强道德建设的人民性具体而言，一方面，要使道德建设既满足人民的需求，又要符合时代的要求。进入新时代，人民的道德审视和实践也逐渐地向社会其他领域扩展，从而对道德建设提出了更高的要求，因此在道德建设的过程中应当对人民强烈反映的，以及新出现的道德问题给予关注，并以制度等创新的方式来解决社会道德问题。另一方面，道德建设应该为人与社会的发展营造良好的氛围。从我国长期的道德建设实践过程来看，道德建设通常是以系列政策和典型的榜样来引导的，然而在道德建设的实践过程中，却存在个别政策仅仅停留在文字内容上，缺乏实际的操作性，没能真正做到为广大人民群众服务，还存在着对一些道德榜样的宣传往往过于感性化，并没有上升到对道德榜样精神品质的体悟与挖掘，进而导致道德建设过程中存在一些过于理想化的做法。总之，道德建设应当密切联系人民群众，充分发挥人的主体作用，促使个人道德意识的自觉发挥，才能实现人民由被动变成自觉的实践，才能进一步提高人民的道德认知水平、道德判断能力、接受能力和发展能力，才能促进人与社会的发展。只有个人的道德修养与社会的发展能够达到紧密的结合，才能实现道德建设的预期效果，才能为人与社会的发展营造良好的氛围。

综上，不管是法治建设还是道德建设，它们的共同主题就是“人的需要”，最终的目标是人的良好发展。在社会治理的实践领域，“人”既是“法治”与“德治”实践的主体，又是二者互动关系的中介。因此，只有充分发挥“人”在”法治“与”德治”中的作用，才能促进两者之间的良性互动，才能满足人民对法治与德治需要，从而促进高等院校思想政治的实现。

第三节　高等院校思想政治教育与家庭教育的结合

我国改革开放处于攻坚期，社会主义核心价值观处于培养期，此时社会问题频频、社会矛盾显现，大学生的价值观念受到冲击。作为高等院校大学生，于家需要家庭教育，于高等院校需要思想政治教育。因此，对家庭教育与高等院校思想政治教育进行思想理论挖掘，从而对其联结性进行研究仍具时代性和价值性。既然高等院校思想政治教育与家庭教育联结具有一定的现实性、互补性及依据，对二者联结的内容进行分析是十分必要的。

如今家校教育活动有待均衡，家校教育联系也需更加密切。在基本把握现状特点，对现状进行思考的前提下，笔者发现部分大学生对家校联结的重要性缺乏高度认识和重视，家长与高等院校对家庭教育功能的认识有待提高，以及家庭、校园、社会环境的影响是制约家校联结的重要原因。构建良好的家校联结机制，大学生要从自身做起，进行正确的自我认识和积极的自我践行，家庭应在重视发挥家庭教育的基础作用上提升思想政治教育水平，高等院校要以课堂、实践活动、社交网络、优秀传统文化为载体探索多样有效的教学协作。家校互动背景下创建家庭、校园、社会环境，相关法规制度和合作机制的建设是创新家校联结机制的有力保障。因此，只有这样的多方联动，才能更好地塑造青年学生灵魂，完成立德树人的根本任务。

一、家庭教育和思政教育的关系

对于家庭教育和思政教育的关系进行分析，意在唤醒大学生、家庭、高等院校、社会对家校联结的重视，构建良好的家庭教育与高等院校思想政治教育联结机制。

家庭教育与高等院校思想政治教育关系密切。一方面，家庭教育是有效开展高等院校思想政治教育的前提。家庭教育中，父母以自身的言行或生活中出现的事例对其进行教育，让他们养成良好的道德品质。父母通过自身的言行举止向孩子展现良好的品德修养与高大的形象，从而成为孩子的榜样。另一方面，高等院校是思想政治教育的一个主要场域。随着信息网络技术的发展，大学生接收着世界各地的信息，然而他们的思想体系还不成熟，价值判断与选择也还处于朦胧期，容易被不良的信息所影响。高等院校要通过开展思想道德教育相关的课程与活动，帮助大学生解决成长过程中的思想困扰，促使其健康成长。

目前，关于家庭教育的研究，现有研究的主题主要有家庭教育的定义、内容、特点、功能、问题、对策等。

首先，家庭教育的定义，家庭教育从狭义来看就表现为一种单向式活动。

其次，家庭教育内容的研究，有学者将家庭教育的内容概括为家庭教育论、儿童发展理论、终身教育理论、社会关系理论四个部分。也有学者将其概括为“先入性、针对性、直观性、稳定性、灵活性、多样性”。比如王煊予提炼为先入性、丰富性、时空性三个特点①。杨舒婷将其概括为先导性与终身性、亲密性与权威性、继承性与针对性。② 从他们的表述中可以看出，不同学者对学生家庭教育的特点有不同的看法，表述虽有差异，但整体上都认为家庭教育具有共同的特性。

再次，是家庭教育功能作用的研究，毕昌喜将家庭教育的作用概括为基础性、补充性、助推性三方面③。莫万姣认为家庭教育对学生教育具有基础性作用。④ 如此可以看出家庭教育不仅是学生成长的基础，也对学校思想政治教育的发展具有补充作用。

最后，关于家庭教育与高等院校思想政治教育的关系探究，目前学术界相关的研究大致分为以下几类：第一，二者之间关系的研究。有学者认为两者仅具有相同性关系，也具有差异性关系，二者之间相互影响、相互促进。两者在培养责任与目标上具有一致性，教学方法、原则、形式等方面却存在差异，使两者相辅相成，对大学生的成长有相同的作用。第二，二者之间影响的研究。第三，二者之间融合措施的研究。刘运全、易纲认为高等院校和家庭衔接互动有效的前提是“高等院校自觉地将家庭教育纳入思想政治教育范畴之中，同时家庭将高等院校思想政治教育纳入家庭教育范畴之中”⑤。张倩认为，构建家校联动机制的有效途径有：政府的引导和规范、高等院校的组织和保障、家长的重视和支持。⑥

在国外方面，夸美纽斯（Comenius）认为，孩子接受教育的第一所学校是家庭。裴斯泰洛齐（Pestalozzi）论证了，道德、智慧和劳动是学生全面教育所必需的能力。马卡连柯则集中阐释了家庭教育的原则和常见的问题。苏霍姆林斯基丰富了家庭教育艺术的理论。森重敏也论证了家庭环境的重要性。尽管外国学者有不同的说法，但他们都强调相同的问题，即家庭和父母对子女成长的重要性。

---

① 王煊予．浅析家庭教育对大学生思想政治教育的影响［J］．现代交际，2018（10）．

② 杨舒婷．家庭教育对当代大学生成长的影响研究［D］．成都：西华大学，2019．

③ 毕昌喜．家庭教育对高校思想政治教育实效性的影响及应对［J］．安徽理工大学学报（社会科学版），2017，19（04）．

④ 莫万姣．大学生家庭教育与高校思想政治教育联动机制探析［J］．梧州学院学报，2017，27（01）．

⑤ 刘运全，易纲．家庭教育与高校思想政治教育的衔接措施研究［J］．教育教学论坛，2018（52）．

⑥ 张倩．高校思想政治教育家校联动机制构建研究［D］．大连：辽宁师范大学，2014．

在关于家庭、学校相结合方面，国外的一些发达国家对此已经研究了很长时间。在美国，早期的家庭和学校的关系一直是学校占主体地位，家庭为辅助地位。20 世纪 60 年代以来美国政府越来越重视家庭教育，颁布了一系列法律措施来推进家、校合作。1998 年提出了家长参与学校管理的六项标准。可以说，国内外对家庭教育、思想政治教育的研究成果富有成效。实际上，西方国家也很早就意识到了家庭教育在个人成长、成才过程中所发挥的重要作用。其研究成果和内容涉及包括父母及家庭教师在家庭教育中的重要地位，家庭教育环境潜移默化的独特优势等多方面。我国的家庭教育应该借鉴和吸收国外的优秀家庭教育理念，不断进行反思及创新。目前国内学者主要从二者的关系进行了分析，对二者联结的必要性进行了研究，在此基础上探索了家庭教育与高等院校的机制，以及与高等院校结合的策略、途径等。整体来看，通过对前人研究成果的分析，关于家庭教育的内涵、特征及大学生思想政治教育研究等方面的研究成果已相当成熟。

国内外学者之所以对于家庭教育和学校教育的结合进行不断的探究是因为家庭教育是影响孩子成长的关键因素。家庭与高等院校的联结不仅有益于优秀家风、家训、家教的继承发展，更有利于在校大学生思想道德发展。对家庭教育与高等院校思想政治教育进行研究，主要是在全社会引起对良好家庭教育的重视，通过良好的家庭教育使学生的思想道德素养得到提升，促使家庭教育在新时期发挥重要作用，强化良好家庭教育的功效，构建良好的家校联结机制。

对家庭教育与高等院校思想政治教育的联结性进行研究，一方面，是为了强调家庭教育的重要作用。家庭教育直接影响国家发展的有效性。对于每个人来说，家庭都是我们成长最久的地方，也会对我们产生深远的影响。加强人文教育，建设和谐美丽的社会，促进世界历史进程都与良好的家庭教育密不可分。另一方面，是为了提高高等院校思想政治教育的实效性。高等院校则是在家庭教育的基础上对大学生进行教育的专业领域。所以其在家庭教育影响的前提下进行的，家庭教育是高等院校教育的前提。如果在家庭教育的过程中把品德教养因素纳入其中，高等院校开展思想政治教育也就会更加成功。

（一）家庭教育的概述

1. 家庭教育的内容

家庭教育对高等院校学生的成长与教育有着非同寻常的意义。为了更好地将家庭教育和高等院校思想政治教育相联结，本书先研究家庭教育的内涵。

家庭教育的教育内容是指从孩子出生开始，家长对子女的思想品德、性格、行为习惯等多方面进行要求的家庭教育，在人与人沟通交流、学习生活等方面都为孩子更好地接受与社会价值观一致的思想政治教育做了铺垫。可以说，家庭是教育的启蒙，因而家庭也就成为人与之联系最为密切的地方，所受家庭教育的影响也就最为深刻久远。家庭教育在不同的时期随着社会的变化也在相应地发生改变。社会生活的方方面面以不同的形式渗透到家庭生活中，使其受制于所处的社会历史。在社会进程的不同阶段，家庭教育的表述即使不同，但主要还是指家庭成员间实施的一种双向互动的教育活动。家庭给予的教育也是践行其他教育实践的前提。

2. 家庭教育的特点

家庭教育具有成长的基础性与强烈的感化性。每个孩子从呱呱坠地的那一刻起就受到家庭成员、环境与文化氛围的影响。同时，亲密的关系伴随着家庭成员间频繁的互动与影响而充满感情色彩，并产生强烈的感化性。感情越亲密，成员间的感化性就越强，反之则感化性就越弱。

第一，家庭教育具有特殊的权威性与鲜明的针对性。父母在相伴中逐渐获得特殊的权威，在孩子心目中树立了很高的形象与威望。人们在家庭中潜移默化地接受着长辈影响成长，通常以同样的教育内容和方法教育自己的后代。家庭教育使得这些教育内容和方法通过家规、家训、家风、门风、家学、家传等形式继承下来。家庭教育是秉承优秀家风、家传的桥梁。

第二，家庭教育具有内容的丰富性和方法的灵活性。教育内容的丰富性表现在，家长不仅要使孩子掌握丰富的文化知识，引导孩子树立科学的“三观”，还需在人际关系、职业规划与选择等方面对孩子进行教育和引导。家庭教育就是在家庭生活中进行的，家庭生活的内容成为教育孩子的一部分，家庭成员的活动过程也就成为教育孩子过程中的一部分。丰富的教育内容意味着方法的灵活多样，家长不必拘于固定的模式。在休息、娱乐、购物、各种家务劳动中，都可以对孩子进行教育和训练。很多家长在周末会带孩子出去走亲访友、参观旅游等，利用一切的机会来对孩子进行引导教育。

（二）融家庭教育于思政中的理论基础

1. 马克思和恩格斯家庭教育理论

马克思和恩格斯的家庭教育思想有其深厚的理论来源，是在继承人类家庭教育理论基础上形成的人类家庭教育思想的优秀成果。对马克思和恩格斯的家庭教育思想进行研究，对新时期建设中国特色社会主义和家庭教育有重要的意义。他们认为具有生育、经济，以及情感功能的家庭与社会生产发展息息相关。他们深信自由全面发展是家庭教育的最终目的。

2. 毛泽东的家庭教育理论

毛泽东的家庭教育理论是马克思、恩格斯家庭教育理论的继承和发展。毛泽东结合中国家庭教育的实际情况，创立了具有中国特色的毛泽东家庭教育理论。除此之外，受中国传统文化的熏陶和韶山毛氏家族传统教育的影响也是毛泽东家庭教育理论形成与发展的重要条件。从毛泽东的一些话语中我们可以洞察到家庭、高等院校、社会是紧密相连的三个环节，缺少一环都无法实现教育之全体。毛泽东丰富的家庭教育理论还体现在他写给子女的一封封家书中，家书中的他耐心细致的与孩子谈论理想信念、道德情感、家庭工作、生活学习、实践教育等方面。社会教育是从家庭开始的，新时期加强毛泽东家庭教育理论的学习对于明确家庭教育目标、强化理想信念教育、运用科学的教育方法深化素质教育、优化家庭育人环境、强化思想品德教育具有重要的理论与现实意义。

（三）思想政治教育与家庭教育关系

探究家庭教育与高等院校思想政治教育两者之间的内在关系，以及二者融合的必要性，才能分析制约家庭教育与高等院校思想政治教育融合的渠道。可以说，家庭和高等院校教育互为补充，大学生在家庭中接受的教育是高等院校对大学生进一步教育的前提，学校给予家庭进行教育的指导则可以推动家庭教育更为科学合理，效果更为显著。

1. 两者的差异性

第一，教育性质的差异性。家庭教育是一种私人教育，而高校思想政治教育则是公共教育。家庭教育的基础首先是血缘关系，进行家庭教育是根据父母的个人意志对孩子进行有针对性的教育。而高等院校思想政治教育是进行公共教育，是依据社会对受教育者的要求实施，而不是依据教育者个人意志。

第二，教育组织形式的差异性。家庭教育是一种非正规性教育，而高等院校思想政治教育则是正规性教育。家庭教育虽然有一定的目的性，但其教育主要和家庭日常生活密切相关。

第三，教育方法的差异性。家长对子女一般面对面地进行个别教育。相对而言，高等院校则是通过班级形式的课堂教学和各种实践活动进行教育。它主要是依据全体学生共性的共性问题着手，通过班集体的形式对学生进行教育影响。

第四，教育过程的差异性。家庭教育是一种终身教育，而高等院校思想政治教育则是阶段性教育。家庭教育具有先入性，每个孩子从呱呱坠地的那一刻起就受到家庭成员、环境与文化氛围的影响。系统性的高等院校思想政治教育只是人成长中的一个阶段。

2. 两者的共性

首先，教育目标的同一性。家庭这个场所，主要是为孩子提供成长的环境，培养他们成为品德正直、正派的人，使其成为有利于社会的人。简而言之，家庭教育重在”成人教育。”这也是思想政治教育实效性发挥的一个重要途径和形式，在思想政治教育实践中发挥重要作用。

其次，教育责任的同一性。家庭和高等院校对大学生的成长负有同样的责任。信息网络技术帮助学生增加了知识面，开阔了视野。在此阶段，他们的思想体系并不完善，在不良思想影响下容易引起价值观混乱。家庭教育要利用其特有的教育优势，及时对子女进行教育引导，使其摆脱成长中的困境。高等院校也要适时开展思想道德教育相关的课程与活动，帮助学生解决成长过程中的思想困扰。

最后，教育内容的同一性。高等院校思想政治教育主要是在课堂教学中对学生产生影响。大学生家庭教育主要是父母在与孩子接触过程中，以自身的言行或生活中出现的事例来培养他们形成健全的人格。二者虽然在教育方式上不一致，但都是对大学生进行思想行为习惯的教育，促使其健康成长。

3. **关系分析**

首先，二者是共性教育与个性教育的关系。家庭教育是家长愿意对孩子施行的个性化教育，高等院校教育却是依据社会对受教育者的要求而实施的共性教育。其次，二者是非正规性教育与正规性教育，互为里表。家庭教育虽然有一定的目的性，但其教育主要和家庭日常生活密切相关。故此，家庭教育和高等院校思想政治教育一里一表相互配合。最后，二者是终身教育与阶段性教育，高等院校思想政治教育虽然会进行相当长的时间，但对大学生进行的是阶段性的教育，只是其成长中的一部分，长时期的家庭教育是孩子成长中必然的环节。

如今，全球经济一体化、世界文化多元化等一系列发展变化，也使我国获得了前所未有的发展空间。但是重视多元化，金钱、利益至上等一些与社会价值相背离的想法渐渐出现在社会中，进入家庭、进入学校。所以，将家庭家庭教育与高等院校思想政治教育联系起来是十分必要的，主要体现在以下方面。

第一，家庭教育与高等院校思想政治教育联结现实依据。首先，优秀家庭教育传承面临的现实困境。随着21世纪的到来，中国的发展进入了一个新时期。深化改革开放，开放扩大的社会环境，人们的思想非常活跃，非常丰富，收到的信息也比较混乱。这些发展与变化对家庭教育来说有积极的促进作用，也同样会面临着新问题。经济发展使得家庭物质生活水平得到普遍的提高。这一新变化为孩子的成长提供了良好的环境，在满足物质生活条件下，家长将更多的注意力集中到了孩子的教育上。然而，物质生活条件的改善和生活水平的提高使父母减少了对孩子进行劳动教育的要求，道德教育在一定程度上也有所降低，而将更多的注意力集中于文化知识的学习。其次，互联网等新型媒体也使家庭教育面临困境。对于那些进行筛查能力较差的孩子来说，大量信息无疑会对其产生消极的负面影响。最后，家庭结构越来越简单，家庭关系更为紧密，家庭的凝聚力也就更为集中，这些都有利于学生的成长。挑战并不可怕。对挑战视而不见、对挑战不承认才是可怕的，只会错失良机，影响思想政治教育的效果和声誉，最终错过发展机会。面对挑战，不要惊慌，也不要掉以轻心，我们要化挑战为发展，化挑战为动力。

第二，家庭教育与高等院校思想政治教育联结的互补性。家庭教育具有独特优势。首先，家庭教育的独特优势体现在教育者与受教育者的双向互动中。在家庭教育过程中，在孩子思想品德发展过程中，父母扮演着表达着、组织者、实施者与促进者的角色，发挥着主导作用。父母通过自身的言行举止向孩子展现着自身良好的品德修养与形象，从而成为孩子的榜样，家长自己就是思想政治教育的实施者。当家庭教育与高等院校思想政治教育目的，即相关的教育价值观念不一致时，就会对受教育者产生矛盾和冲突，从而不利于孩子的成长。因此，确保家庭教育和高等院校思想政治教育的一致性有利于个人与社会的发展。家庭教育潜在的育人功能是高等院校思想政治目标的实现的重要途径。在新时期将家庭教育与学校思想政治教育的联结，可以更好地发挥家庭教育的育人功能。

二、家庭教育与思政融合的途径

（一）基于问题的分析

更清楚地了解家庭教育与高等院校思想政治教育联结的问题，可以有效得出更符合实际情况的结论，在更加客观真实的基础上，对两者结合的现状进行分析，来确保对此问题研究的客观性。

1. 家庭教育方面的现状

笔者通过调查分析发现，部分大学生与家长之间的沟通频率不高。在交流方式的调查中得知，闲聊式是学生所喜爱的交流方式，这样的方式有利于亲子关系的发展。训话式也是家庭中父母与孩子之间交流的方式之一，而对于训话式，我们需要辩证地看待。如果应用得当同样可以产生和谐的家庭关系，促进学生的成长，起到家庭教育的正面效果；反之，则会产生负面影响。高等院校在对大学生进行思想政治教育的过程中也可以与大学生进行对话、沟通交流，与大学生进行面对面的沟通。在某些情境下，教师也可对学生进行适度的训诫，以此达到教育学生的目的。这都说明，家庭教育和高等院校思想政治教育二者具有联结的可能性。通信工具使信息间交流与传播更为方便、迅捷。网上聊天、视频、打电话都为孩子和父母的交流提供了便利，他们之间交流变得更为频繁，家庭教育的效果也就越凸显。也就是说，学生与家长沟通的频率、方式，以及途径都会影响家庭教育的效果。

笔者从对家庭教育内容和方法的分析中得知，家庭教育的内容主要侧重于德育、劳动和美德教育，体育、情商以及智力方面的教育则次之。高等院校思想政治教育也对大学生进行世界观、政治观、人生观、法制观、道德观教育。可知，二者在教育内容上存在着相同的内容，家庭和高等院校可对相同的部分相联结。环境熏陶、说服教育、榜样教育、表扬奖励这四种方法颇得家长喜爱，在高等院校思想政治教育中这四种教育方法也颇受青睐。环境熏陶法位居榜首，这也折射出环境对孩子的成长产生重要影响。环境对人影响的双重性，使我们应当重视对家庭环境和校园环境建设。当前我国大部分的家庭都较重视对孩子进行思想品德方面的教育，也从侧面反映出道德教育在家庭教育中的重要性。

从笔者分析的情况看，作为有利于学生的良好家庭教育，在孩子个人的成长过程中可以帮助孩子形成正确的观念，这是家庭教育功能的主要表现。同时，良好的家庭环境还有助于儿童养成良好的性格和行为。此外，良好的家庭教育可以为儿童的健康成长保驾护航。也从侧面反映出家庭教育在孩子成长和发展中，无论是有意识的施教还是无意识的影响都起着重要作用，家庭教育不仅可以在孩子成长的初期养成良好的思想品德，也可以为孩子能力和素质提升奠定良好的基础，也是学校教育的补充和延伸。

父母都很关心孩子的成长，希望在孩子成长的过程中提供帮助和指导，恰当且正确地引导可以为孩子的成长指引前进的方向，过度的干涉则会产生相反的结果。父母在对孩子进行教育时没有选择合适的教育方法，但学生们希望父母选用恰当的方法来教育和引导自己。这从侧面反映出当前的家庭教育存在问题，需要引起我们足够的重视，分析原因并提出可行性建议。

2. 高等院校对家庭教育的态度

（1）学生的反映

在问及学生所在学校对家庭教育重视的程度时，从一些学生的反映中可得，部分高等院校没有深刻认识到家庭教育对思想政治教育发展的促进作用。对于思想政治教育课教学内容关注程度，作者通过调查分析得知，学校比较重视学生的思想道德建设，很多学生反映说高等院校经常组织和开展思想政治教育活动，使活动的形式更为多样性，效果更为显著。依据所得数据可得，高等院校使用讲授法、讲授与讨论相结合的比较多。对讨论法、实践法及讲授与实践相结合的方法使用相对较少。可看出，高等院校在进行思想政治教育时方法的使用相对不均衡，丰富方法，拓宽途径是新时期加强思想政治教育发展的方式之一。

笔者发现，大部分大学生认为父母教育程度的高低、家庭环境的好坏在一定程度上影响着自己对思想政治教育的接受程度，他们认为在大多数情况下，教育程度越高、家庭环境较好，越有利于自己接受思想政治教育，但也有大学生持相反的态度。还有三分之一左右的学生认为应辩证地看待父母教育程度高低对孩子的影响。教育程度中等却有着高品质的家长一定会对孩子思想道德品质的提高产生积极的影响。其实，笔者相信那些在平凡岗位上做出杰出贡献的榜样人物也一定会对他们的孩子产生积极的正能量。这也反映出父母思想道德素质、家庭环境影响着思想政治教育的接受，间接地显示了家庭教育对子女成长的重要性。

笔者分析一些学生的情况发现，大部分学生认为在拥有良好思想与人文素养的环境中学习、生活时，他们的思想和认识也会逐渐受到好的影响；与之相反的是消极影响。还有很少一部分的学生辩证地看待此问题，极少部分学生持否定态度。笔者通过分析发现，大部分学生认为自己对思想政治教育的看法会受到周围同学、朋友及社会的影响。可见，我们生活的环境、相处的人都会影响我们对思想政治的认知。

（2）高等院校对优秀家庭教育认知、宣传组织情况

高等院校对优秀家庭教育的重视程度和宣传组织情况，应该成为广大研究者充分重视的问题，对于学生的思想政治教育有着深刻的影响。部分高等院校和教师已经意识到家庭教育潜在的育人功能，可以使大学生更好的接受思想道德教育，并在高等院校里开始传播。有些还没有认识到对大学生进行优秀家庭教育的重要意义，没有深入了解到家庭行为习惯的重要影响。因而对相关优秀家风、家教、家训内容的涉及还较少，没有在高等院校里形成传播优秀家庭教育理论的氛围。

在对家庭教育教材、课程设置、师资配比情况等方面，存在高等院校对家庭教育相关方面教材匮乏，其家庭教育相关性课程设置和师资配比存

在不平衡的现象。

而且高等院校对家庭教育的重要性认识有待增强。当前，国家对学生的思想道德品质的要求较高。因此，各个高等院校都加强了高等院校思想政治理论课的规范性与合理性。但是，除了国家所要求的思想政治必修课之外，很少对其优秀家庭教育的内容和课程进行设置。这反映出，有些高等院校没有深入认识到家庭教育潜在的育人功能，没有引起足够的重视。

（3）大学生对思政与家庭融合的认知程度

大部分学生对家庭教育相关课程的开设还是很期待的，并且愿意积极学习相关内容，也希望高等院校可以增加与此相关的教学内容。由此，我们可以相信随着课程的开设，越来越多的同学逐渐认识到家庭教育课程的学习会对他们的成长提供积极的正向作用。此外，在家庭、学校、社会教育重要程度排序，很多高等院校学生将家庭教育排在了前面，说明学生逐渐认识到家庭教育对个人成长的积极推动力。

但也有部分大学生对其重要性缺乏高度认识和重视。优秀家庭教育的内容体系完善且经过历史实践的检验，它也是中华优秀传统文化的有益组成，凝结着历史性与现实性，是大学生成长不可或缺的重要方式。通过对问卷调查中数据的分析，可知大部分学生所理解的家庭教育的功能仅仅停留在家庭内部，很多都只是认识到家庭教育对个人成长和发展的影响。同时可以发现，大学生没有深刻认识到优秀家庭教育在新时期促进社会发展的作用。这也就影响了大学生对优秀家庭教育与高等院校思想政治教育联结的认识，无法引导大学生从容面对复杂的突发情况。

（4）家庭与高等院校合作方面

高等院校与家庭之间的沟通次数还不多，这样的状况导致高等院校与家庭教育各自为政。高等院校不能很好地和家庭相联结，对家庭进行有效的指导，家庭教育潜在的育人功能就不能有效发挥，也就无法有效地促进高等院校思想政治教育效果的实现。

家庭与高等院校沟通联系方式情况。在问及目前高等院校与家庭沟通所使用的沟通方式有哪些时，从统计结果发现，大多数学校会选择使用电话、短信、现代媒介与家长进行联系，有时候高等院校也会举行面对面交流会（家长会、家访等）或是书面形式的交流。

第一，家校教育活动有待更加均衡。与其他时间相比，寒、暑假时间较充裕，也能使大学生参与不同种类的活动。从目前高等院校组织的活动情况来看，参加相关志愿服务、论坛和讲座的人较多，参加寒暑假社会实践、团日活动的人数较少。家庭教育相关活动在学校陆续开展，这样的结果体现出高等院校逐渐认识到，大学生在学校中开展家庭教育相关活动有利于大学生思想道德素质提升。团日活动是一个内容较为丰富、形式多样，为大学生所喜爱的活动方式。但是从目前的情况来看，高等院校对家庭教育相关的团日活动组织的频率不是很高。结合大学生实际特点的团日活动都可以有效激发大学生对家庭教育重要性的学习和了解，但是高等院校对这些活动组织较少，大学生参加也只是留与表层，没有从实质上起到教育的意义，很难引起大学生对优秀家庭教育活动的兴趣。

第二，家校教育联系需要更加密切。当前大学生、家庭、高等院校三者之间缺乏沟通的渠道和机制保障，这使得三者之间无法及时交流，这在很大程度上造成了他们之间相脱离的状况。首先，大学生与家长之间缺乏沟通与联系，笔者通过调查发现，部分大学生与家长沟通交流的频率相对较低，有些同学有事会告知父母，有些学生则很少和父母交流。这样的情况影响了父母与孩子之间的亲情，也影响了家庭教育的效果。其次，家庭和高等院校都从各自的立场和需要出发，以自己的教育方法和理念对学生进行教育，这就导致了家庭和高等院校之间各自为政的现象。一方面，家长没有和辅导员进行及时沟通。相反，他们认为孩子已经进入大学校园，有学校管理，加上孩子已经成年，可以进行自我管理，不需要他们再进行经常的教育。另一方面，由于繁重的教学与管理任务使得教育者不能及时主动和家长取得联系。这些因素导致了二者之间缺乏有效的沟通和联系，也就无法使家庭教育的效果得到有效发挥。

（5）家长对家庭教育功能的认识有待提高

思想和精神通过家庭教育的实践会对人产生巨大的影响力。父母对家庭教育功能的理解会影响孩子对家庭教育的认识。一些父母由于有限的认知水平，认为只要把孩子送进大学就不需要再管了，全部交给学校就可以；有些家长则认为自己就可以很好的对孩子进行教育指导，不需要和高等院校进行沟通交流，沉浸在自己对孩子的教育中。这两个极端是由于父母对大学生家庭教育的功能认识不足，导致高等院校与家庭之间的沟通不畅。所以双方都无法有针对性地教育孩子。

（7）家庭、校园、社会环境的影响

家庭、校园及社会氛围直接影响着家庭教育效果的实施。良好的家庭环境对促进家庭教育的作用是积极的。在高等院校校园中增添优秀家庭教育的相关元素，会使大学生对家庭教育的认知度得到提高，使他们可以更好地认识到家庭教育的隐形力量。网络的发展，使人们的交流变得更加频繁，多种文化相互交融，逐步形成多样化的价值观。在价值观多元化的今天，为了更好地引导大学生的价值观，使他们形成正确的价值观。

（二）实现家庭与高校思政教育融合的途径

将时代发展要求、高等院校思想政治发展规律与高等教育学生的发展规律结合起来，找到有效的对策，构建系统良好的家校联结机制，发挥各方面的力量是重中之重。

1. 加强学生的自我教育

学生的自我教育是家校思想政治教育互动联结的中介。目前高等院校思想政治教育更多地关注教师、学校和社会如何教育学生。将教育效果不好的原因归咎于家庭、高等院校和社会，却忽视了学生主观的原因。但是当代高等院校大学生的自我教育就是需要主动进行自我教育，从思想上对自己进行正确的认识。自我教育的实行可以使大学生重视家庭教育和高等院校思想政治教育，提高思想道德修养。

（1）引导学生正确地认识自我

一个人能正确认识自己并不是件容易的事。在进行自我教育中，教育对象由客体转变为主体，方法由外向内转化，目标也由外在要求转化为自我需求，教育过程和效果也显示出持续性。现实的自我就是正确的自我认识。我们认识自己的方式决定了我们要求自己的高度，更决定了我们行为的方式。

大学生只有在正确认识家庭教育和思想政治教育的基础上，才能深入了解家庭和高等院校两者结合的重要性，做沟通家庭和学校的使者。大学生没有积极地理解家庭教育的重要价值，家庭教育将不会成为大学生学习的重要内容，而且不利于实现两者的有效融合。有相当大的一部分大学生认为，步入高等院校生活的他们有一定的能力去生活，不需要事事向父母报告。但也有大学生初入校园，对事物的看法不够客观、全面，考虑问题较简单，极容易被事物的错觉所迷惑。因此，在大多数问题上还需要父母给予帮助和指导，也就是说家庭教育的指导作用对大学生的成长起着重要作用。因此，高等院校不仅要对家庭教育进行指导，促使其教育目的和学校保持一致，还要引导大学生主动学习优秀家庭教育的相关知识，发挥大学生教育主体的作用。

为了使大学生进行自我教育，大学生应当从以下几方面进行正确的自我认识。第一，大学生要认真学习马克思、恩格斯、毛泽东、习近平等人的家庭教育思想，丰富自己的家庭教育知识。第二，大学生要善于总结反思，学会剖析自己。大学生只有不断反思、评价自己的认识与行为，才能不断完善自我。第三，大学生要善于从他人之处来反观自己。发现他人的长处与自己进行比较，有比较才能有判断，有比较才能获得对自我的认识。

（2）引导学生积极的自我践行

自我践行的关键就是加强与父母的沟通交流。沟通交流是彼此化解矛盾的有效方式，家庭冲突通常是由于彼此之间缺乏沟通造成的。双方之间又不知如何化解矛盾而导致关系僵化。接受新时期教育的孩子比父母懂得多，当家长给他们提出建议时，他们有时会觉得父母的思想有些陈旧，与他们的想法不相容，不愿意听也不想听下去。其实，我们可以将父母的意见听完，再用委婉的方式指出其中的不足，发表自己的意见和建议，这样的处理方式有利于矛盾的化解，更有利于家庭和睦。大学生要以自己的实际行动做家校联结的使者，发挥家庭、高等院校的思想育人作用。自我践行需要学生积极主动参加自我教育实践活动，即积极地与父母进行沟通交流，向家长传达家校联结的重要性，作家校互动联结的桥梁。

2. 家庭教育中融入思政教育

（1）家庭应提升思想政治教育水平

家庭教育是最初的教育。家庭教育的成效对个人健康成长和社会持续发展具有关键作用。因此，父母要发挥榜样力量，做子女的好家长。家庭教育也是一个平等交往的过程，父母和孩子都是家庭中的成员。孩子也是独立个体，他们需要父母的尊重和理解。家庭教育更是一种终身的持续不断的学习和可持续发展的过程。家长在不同时期需要对孩子实施不同方式的教育，要在注重孩子身心发展规律的基础上进行教育，同时也需要以社会背景为基础对孩子进行教育。家庭教育并不仅仅是对孩子进行的某一阶段的教育，也是一种终身持续的教育，它贯穿于孩子成长的每一个阶段，对孩子的成长有着深远持久的影响。

父母的知识水平和道德修养直接影响家庭教育的效果。大多数情况下，知识储量、修养较高的父母就较为重视孩子的教育，会选择正确的方式方法对孩子进行教育，教育效果也就比较好些。知识修养较高的家长，一般会拥有较为广泛的兴趣爱好，对文化知识、道德素质的作用也较看重。同时，她们重视家庭环境的营造，家庭关系的和谐，储备较多的思想教育知识，从思想道德方面对孩子进行教育，将对孩子的成长起到积极的促进作用。因此说，丰富家长思想教育知识，提升思想道德修养不仅是社会对家长提出的要求，也是新时期家庭思想政治教育创新发展的需要和培养未来接班人的需要。

父母对子女教育起着关键作用。与学校教育不同，父母对孩子的教育有很大的自主性和独立性。家长可以利用家庭这一独特的环境决定教育的内容与时间。家长具备较高的思想政治素质，能引导孩子形成良好的思想品德，发挥家庭育人作用。家长自身的思想政治素质，本身就是一种教育资源。父母的言行举止本身就是一种示范教育，当父母的言行与社会发展要求相一致时，就会助力孩子成长，否则就会阻碍。为此，父母必须不断改变他们的教育观念，更新知识结构，提高家庭教育水平。父母应该从孩子的角度考虑问题，并理解孩子的言行。这是教育和引导其子女的先决条件。只有当父母走进孩子时，他们才能感受到孩子的内心，了解他们的行为，并对他们所面临的情况给予有针对性的指导。某一问题的发生，通常背后的原因是十分复杂的，为此要以合适的方法进行教育。家庭教育的施行也是家长和孩子相处生活过程中摸索前进的过程，对于一些错误或是不当的处理，父母当及时和孩子进行沟通认错，切不可将错就错。在多次的实践锻炼中，家长不断提高与孩子相处的方式，这样才能切实将教学的效果有效提升。

（2）重视发挥家庭教育的基础作用

随着时代的进步，历史性与现实性统一的家庭教育也在发展变化着，家庭教育的理念也在漫长的历史演进中与时俱进，并形成了具有时代特征的家庭教育新观念。家庭教育理念的创新，成为新时期家庭教育打开新局面的题眼。

在新时期，提高家庭思想政治教育意识从以下两方面入手，一是发挥高等院校教师的示范作用。每个大学生都会不同程度地存在向师性，他们将老师作为学习和模仿的对象。教师对家庭教育的认知程度会潜移默化地影响大学生对家庭教育的认识。二是发挥大学生榜样作用。榜样源于生活，也就具有生活化特征。以先进的同伴进行教育是非常有效的，这些先进的大学生就在他们身边，这些大学生对家庭教育的认知程度在一定程度上也会影响周围同学的认知。只有认识到家庭教育与实现理想和未来的关系，才可以激发大学生的好奇心，变成一种对学习的兴趣。这种强烈的内在动力将促使大学生加深他们对家庭思想政治教育的认同。

家庭教育与高等院校思想政治教育联结不是短期就可以完成的任务，因此需要促使学生从家庭教育的功能作用方面来认识，使他们从心理强化对家庭教育的认同。家庭教育不仅对个人成长、家庭发展乃至整个社会的发展都举足轻重，要想使得家庭教育的作用得到认同，需要整个家庭、高等院校、社会共同的努力。高等院校是教育的核心，在高等院校对家庭教育引起重视的情况下，就会提高对家庭教育和高等院校思想政治教育联结的意识，校园就会营造出良好的环境，大学生也会更加积极主动地去学习、接受、认同家庭教育的巨大作用。高等院校教师对家庭教育认同的重要性，对于学生的影响也是至关重要的，只有高等院校教师自身提高对家庭教育的心理认同，才能在课堂上将优秀家风、家训融入高等院校思想政治教育课堂中。

3. 高等院校积极进行家校互动

高等院校是对学生生活、学习的主要场所。所以其思想政治教育应当有与家庭教育进行衔接的意识，在强化家庭教育指导、深化家庭教育理论研究的同时重视优良家风、家教等内容的宣传，有效地组织学生实践活动。高等院校不仅承担着育人的主要任务，还是思想意识形态工作的主阵地，因而高等院校必须将时代发展、社会需求和大学生发展需要相结合，并以家庭教育为新的触点，不断突破，继续发展，切实完成好高等院校对促进大学生思想政治提高的任务。

（1）多种家校互动的方式

第一，以课堂为载体加强师生间的教育联结。在时代前进的过程中，课堂教学的方法也在不断与时俱进。以往一度盛行的“灌输法”遭到了大学生的抵制，在新的时代背景下，要以大学生喜爱的方式来进行教学。在教育孩子时，可以使用一些故事、警句等来讲述深奥难懂的道理，使这些难以理解的言语入耳入心。浅显的语言、平白易懂的特点，使其愿意从心理上接受。高等院校应在课堂、教材、大学生思想等方面积极开展家庭教育工作，根据学生的特点，采取分阶段的家庭教育方式，将大学生的教育全过程联系起来。在课堂教学的过程中，教师可以向大学生讲解一些家教、家风、家训的名言警句或是经典故事，从思想意识方面对大学生进行思想道德性教育，发挥高等院校思想育人作用，从而达到教育大学生的目的，使其思想符合社会主义社会的发展。

第二，以实践活动为载体笃实学生的教育践行。实践教学至关重要，大学生接触的书本知识最多，因此高等院校思想政治教育应坚持理论与实践相结合的原则。以高等院校为主阵地，以大学生为主体，以家庭教育有关的经典故事为题材开展校园文化活动来传播优秀家庭教育思想，营造传播优秀家风、家训文化的氛围，使他们在高等院校活动中感受到优秀家庭教育的潜在育人作用，感受到优秀家庭教育的魅力。也可以定期组织大学生观看经典纪录片，让大学生了解他们的事迹与家庭，促使大学生感受到教育对人成长的作用，增强大学生对家庭教育重要性的认识。

第三，以社交网络为载体强化教育实效。网络已然成为交流的主要手段，网络技能的学习也就自然成为每个大学生的“必修课”。在网络文化快速发展的时代，各种新型媒介层出不穷。作为积极思考的学生，容易接受新事物。家庭教育与高等院校思想政治教育之间的纽带，不仅要对优秀家风家训学习常态化，而且要重视大众传媒在家庭教育和学校教育过程中的重大价值。高等院校可以将强大的社交网络作为载体，以现代通信工具向大学生推荐家风、家教、家训、思想政治教育、社会主义核心价值观等方面的小故事，从细微处着手进行思想道德性传播。高等院校也可以从校园广播、校园文化墙、校园主题网站等方面着手进行宣传，起到育人作用。社会可以从源头做起，严格检查作品和节目的质量，使报刊、电视广播、节目等媒体端正态度，传播正能量。如通过网络，我们可以建立典型的校园和社会，引导良好的风尚。在开展思想政治教育的过程中，必须重视树立典型榜样，充分发挥高等院校和社会在突出要素中的作用。充分发挥网络教育的作用，宣传网络典型故事，努力营造学习和争创优秀人物的良好氛围。

第四，以优秀传统文化为载体，挖掘教育题材。家庭思想道德教育的发展应当在继承优秀传统教育文化的基础上，传承优秀且经典的家庭教育文化，营造尊重、重视优秀文化的氛围，重视对优秀家庭教育知识的传播。”优秀的家风也能够改善社会不良风气，推动社会向好的方面发展。”相关的组织机构可以将春节、清明、端午、中秋、国庆等优秀传统节日作为载体，以社会主义核心价值观为主旋律，也可以利用国家的教育场所，面向全社会开展宣传教育活动，将理论知识的宣传转化为具体的实践活动，更好地完善社会育人结构，为家校育人提供保障。

（2）高等院校的引领和融入

在我国教育发展进程中，创作了一批优秀的家庭教育书籍。一些文人学者或是祖辈，根据自己家庭教育的实际经验，撰写成“家风、家训”传给后代。但是这些都不同程度地带有阶级性、历史局限性，如今家庭教育的继续发展也面临着新挑战。在党和国家的号召下，家庭教育已经逐渐得到了重视，但是仍然缺乏较为科学且适应时代的理论指导。

首先，高等院校要以提高学生思想道德素质为目的，将优秀家庭教育中的经典故事和情节故事整合起来，编写出有利于大学生成长的优秀家庭思想政治教育材料。其次，要深化对优秀家风、家训课程的建设。优秀家风、家训课程有助于大学生身心发展。高等院校可以在思想政治教育课程设置的过程中兼顾优秀家风、家训课程的设置，这样有助于大学生吸取优秀传统文化知识，从思想道德方面对学生进行教化。最后，高等院校可以利用高等院校自身的优势成立家庭教育思想政治理论宣讲团，普及家庭教育的基础知识，科学且实用的家庭教育方法，助力家庭建设，持续燃起家校思想政治教育明灯，强化家校思想育人效果。

4. 重视社会环境因素的影响

（1）环境优化不可或缺

不管是家庭、高等院校还是社会，我们生活于环境中，成长于环境中，接收着各种各样的教育信息。只有营造良好的高等院校校园环境，发挥家庭潜在的育人作用，完善社会教育模式，才能逐渐形成有利于大学生成长的思想政治育人环境。

第一，优化课堂小环境，校园中环境，营造良好的学校育人环境。高等院校要善于利用校园环境的隐性作用，将优秀家风、家训故事、经典语录等元素融入校园基础设施中，使每一个场景和对象尽可能地包含家庭教育元素，使他们悄然无声地说话，使这种自然磁场对大学生产生很强的吸引力。此外，营造良好的优秀家风、家训的环境，可以提高大学生学习优秀家庭教育的主动性，进一步深化对家庭教育的认识，使他们随时都能感受到优秀家风、家训文化。

第二，优化家庭小环境，发挥潜在的育人作用。家庭教育和家庭生活环境的一致性，使得家长教育孩子的过程就与家庭生活的过程相融合。孩子成长于家庭之中，生活环境的质量也直接影响着家庭教育效果，是改善家庭育人的一个重要条件。虽然家庭收入，以及生活水平不是影响家庭幸福生活的唯一条件，但是具有生活消费功能的家庭，收入水平和生活水平的高低却是影响家庭幸福与和谐的重要因素，也影响着儿童教育的有效性。为了更好地优化家庭小环境，发挥家庭育人作用，需要从以下三方面着手。首先，创造和谐的家庭氛围。和睦友好的家庭氛围，孩子的生活必然充斥着爱的气氛，也有利于孩子思想品德的形成和个性特征的发展。其次，父母需要丰富家庭生活。在允许的条件下父母可以为孩子添置些课外读物，为他们创建良好的学习环境。最后，父母要重视孩子的思想品德教育。父母可在日常的家庭生活中注重引导孩子受到正确舆论的影响，使孩子在潜意识中接受正确的思想和行为，逐步形成正确的价值判断。

第三，优化社会大环境，主动占领互联网新阵地，完善育人结构。舆论环境和社会氛围对社会发展方向有重要影响，社会活动的范围更广，传播力度更大，社会影响力也就更深远。互联网有利于积极促进家校的联结，引导和服务大学生学习生活，但网络也存在着不利的一面。一方面，要加强网络环境治理，净化网络环境。另一方面，需要充分利用网络优势，最大限度地利用网络效力，开设多种类型的栏目对大学生进行思想道德教育。

总之，人离不开一定的环境而存在。环境给我们提供的不仅是生存的条件和空间，也为我们提供了思维空间。

（2）良好社会环境作用的发挥

我们可以从多维角度加强对家庭教育的宣传和引导，发挥社会育人作用。社会应当尽量提供良好的环境，发挥社会教育的保障作用，进而促进个人能力和道德品质的形成和发展。“孟母三迁”正是对良好社会环境的选择，因此要发挥社会教育的作用，帮助学生养成良好的道德品质。

在如今，网络技术高速发展的时代，通过网络进行宣传家庭教育已经成为大众媒介的主渠道。教师或是辅导员可以利用微博、博客、公众号等新媒体为家庭教育做宣传，分享心得体会或是解答难疑，都是促进家庭教育传播的方式。我们也可以利用高等院校为进行学术性宣传。高等院校是对在校学生进行思想道德素质教育的主要场域，在这里不仅有相关领域的专家学者，还有工作在前沿的优秀教师，更有在幕后默默付出的辅导员队伍，这些都是高等院校提高学生思想素质的有力保障。在此基础上，高等院校可以采取一系列措施来加大家庭教育的宣传，如可以利用优秀的人力资源开展专题性的学术讲座，编辑出版相关的书与著作。除了定期进行家庭教育讲座外，我们还可以为父母提供教育咨询服务。利用现代信息技术咨询，还可以在电视、报刊、广播中开设专栏来给予公开性的指导。除此之外，还可以利用电话、公众号等渠道进行指导；也可以整理与发送家庭教育相关且正确的、具有教育意义的家庭教育资料，并发送给家长是确保正确科学的家庭教育得到传播的有效前提，以免他们受到不良信息的干扰与诱导。

5. 国家的有力保障

家庭教育对大学生思想道德素质和心理健康状况有着重要影响，合理利用家庭思想教育的力量，点亮家庭思想教育的明灯，不仅可以发挥家庭潜在的育人作用，也是提升高等院校思想政治教育效果的必然要求。虽然，我国之前也对家庭和高等院校融合方面出台了相关的政策措施，但并不具有约束力，自然也就无法推动家庭和高等院校的衔接。因而，国家当出台相关的法规制度为家庭教育与高等院校思想政治教育的联结中提供制度和机制保障，为家校联结的高等院校思想政治教育新格局保驾护航。

（1）相关法规制度建设是制度保障

教育体系的完善需要家庭教育立法的支持，需要国家以相关的法律法规为依据，从法律的角度确定家庭教育的地位，为家庭和高等院校更好地融合提供法律保证，切实保障家庭和高等院校的教育权益。我国可以借鉴国外相关经验，在充分考虑我国现实情况下，在全国进行调研，从法律上规定学生、家长、教师、高等院校在对学生管理中的权利与义务，使家庭教育与高等院校思想政治教育有效融合。

（2）家校互动需要国家提供新机制

机制建设可以促进家庭教育良性发展。在将家庭教育与高等院校思想政治教学联结过程中时，国家应当建设系统的合作机制来保障家庭教育与高等院校思想政治教育的联结。其一，建立领导机制。推动党委、党政工作统一领导，集中共管，专、兼职相结合，相关部门各负其责，全社会共同参与。在强有力的支持和配合下，为家校思想政治教育培养专业的研究队伍。在校园进行调研的前提下，依据大学生和高等院校的具体情况制订出符合本校实际情况的联结计划，并确保计划的有效性。其二，建立调控机制。不仅包括加强配套资金设备保障机制，加强对课堂家庭思想政治教学和相关科学研究的介入，以及加强对家庭教育类相关图书资源与电子阅读设备的数量。还包括持续健全激励机制，制订明确的政策，吸引优秀人才参与家庭教育研究学习，充分调动他们的积极性。同时，要建立和完善协调机制，协调各学科之间的关系，形成教育合力。所有教师应强化对家庭教育相关知识的储备，结合课程实际在课堂上对大学生传输优秀家庭教育的思想。此外，作为班级大家长的辅导员负责班集体的日常管理工作，辅导员的个人修养与为人处世都深刻影响着大学生。因此，提升辅导员教育的素质，可以对大学生起到正面作用。

家庭教育具有潜在的育人作用。在社会主义建设进一步发展的今天，良好家庭教育不仅对个体思想道德素养有促进作用，同时对于社会的发展也有推动意义，促使其取得更好成效。在分析家庭教育和高等院校思想政治教育关系的基础上，寻找两者结合的理论依据及其必要性，提高人们对家庭教育与高等院校思想政治教育重要性的认识，是非常必要的，应该引起学生本人、家长、高等院校、社会和国家引起重视，且相互配合，共同发力，才能构建系统良好的家校联结机制。本书对家庭教育、高等院校思想政治教育及相关知识的研究不到位，资料收集样本比较有限，对学界已有研究吸收与借鉴仍有不足，尤其是在缺乏思想政治教育经验的情况下，仍有“纸上谈兵”的缺陷。或许假以时日，这些不足才能逐步得以弥补。广大研究者还需要注重实践领域探索，尝试给出创新性建议。

第四章　高等院校思想政治教育的创新发展

本章对于高等院校思想政治教育的创新发展进行了一定的探索，主要从高等院校思想政治教育创新方向探索高等院校思想政治教育中多种资源的运用这两方面来进行具体的论述。

第一节　高等院校思想政治教育创新方向探索

在党和人民群众的共同努力下，高等院校思想政治教育虽然在一定程度上取得了成效，但也面临着许多新的形势和问题。一方面，网络成为学生生活、学习的一部分。当代大学生生活在一个媒体多样化，多元化的信息时代，影响着大学生的意识。对外开放持续扩大，使他们思维活跃，迅速接受新事物。网络不仅给他们带来新的生活和学习，也成为他们交流学习、陪伴成长的重要平台。另一方面，大学生的思想和价值观还没有完全定型，接收信息的过程可能存在盲目性和单面性。市场价值取向在一定程度上造成和加剧了思想政治教育的功利性倾向。

为此，我们要认识到创新是高等院校思想政治工作的内在要求。高等院校思想政治建设必须要在传承好的经验做法前提下，勇于开拓创新，为适应新的时代变化、全面改革提供坚强的思想保证。本书结合高等院校特点，从内容创新、方法创新等方面进行研究，为高等院校基层思想政治工作推陈出新提供方法路径。

一、高等院校思想政治教育工作的内容创新

（一）更为注重精神培育

作为高等院校的思想政治教育工作者，他们的战场远离真正硝烟，没有震天的口号、严酷的体能考验，更多地聚焦于脑力劳动产生的信息化的硬核战斗力，不少思想政治教育者由于任务繁重不免会疏于养成，有时会忽略自身的这个重要身份，将自己与的专业课教师等同，所以精神培育必须纳入政治工作中，并且要时时提、时刻抓。

从目前的国内外形势看，虽处和平年代，但战争离我们并不遥远。在2020年初的新冠肺炎中，第一批奔赴武汉疫区的就是由三所军医大学组成的高等院校医疗人员，除夕夜，所有奔赴武汉的人员听令而行、一往无前，再现“最美逆行”，投身到一场没有硝烟的特殊战斗中。在这个特定节点、特殊任务下，思想政治教育工作可以利用这些资源，对学生的精神进行积极引导，发挥鼓舞士气的作用。在很多情况下，没有硝烟的战场更为常见，例如疫情防控、抗险救灾等，参与此类非传统战争，人员承受的压力更大，精神更为紧张，精神的教育能有效激发人员动力和内在潜能，为更好地履行职能使命提供精神支持。

精神的培育既需要高校思想政治教育者开展相关教育活动，同样更需要高校思想政治教育者以身作则、亲自示范。比如，在遇到急难险重的问题时，思想政治教育者应该第一时间冲上一线，带领学生开展相关工作。这种并肩作战的共情感要比单纯的动员教育更有说服力，高校思想政治教育者也能以另外一种形态出现，更加接地气。

（二）强化法治理念

开展法治教育、提升法治观念，懂法用法，对于高等院校的学生更显得尤为重要。高等院校思想政治教育工作如何与法治相结合，如何让法律贴近学生的日常，赋予枯燥的法律条文以生命力，应该从以下三方面给予加强。

一要尊法懂法。将“尊法”提到首位，就是要树立对法治的普遍尊重

和信仰。高等院校有其特殊的职能使命，社会为了提升学生的荣誉感，会提供一些相对便利的福利和待遇，比如设置奖学金、旅游景点学生免门票等，学生在享受这些福利待遇的同时，不能将福利视为特权，更不能逾越法律的底线。在尊重法律的基础上，更要懂法，要时常学法，知道法律的底线和红线在哪里，用法律来约束自己的一言一行。对于高等院校思想政治教育者，要将广大学生生活工作中经常涉及的法律纳入到法治教育体系中，并按要求开展法治教育，提高本校学生的法治观念。

二要创新法治教育内容。高等院校思想教育者不是法律工作者，从调研的很多单位看，高等院校思想教育者自身对法律就一知半解，在将知识传递给受众，如果不照本宣科，可能会产生解读不清甚至解读错误的情况。目前，基层法治教育主要依靠上级下发的各类法律读本，因此在后续教育内容方面，应该引入新的内容，比如专家授课录像、法治案例精讲等。还可以将学生中考取了法律从业资格的人员纳入到教育体系中，为大家进行普法教育。在高等院校中，很多教师承担着不少课题项目，在与他们的座谈中，对课题项目的管理规定变化让大家最有所感触。伴随着“依法治国、从严治党”的推进，课题项目的管理规定越来越细化，要求越来越明确，以前不需要审批的事项现在纳入到了监管中，以前一天就能审批完的事项现在可能需要一周，以前需要一个部门审批的事项现在可能需要多个部门联合审批。在课题项目管理规定刚开始实行时，很多教师摸不准、吃不透，一项工作反反复复好几次，一个环节来回折腾三四趟，感觉变成了机关人员，大部分精力用在了程序上，反而投入到教育工作本身的时间和精力少了，针对这种特殊性的法规条款，应该拿出时间和精力，邀请专门的人员进行解读，同时还要做好工作人员的心理引导，让大家了解制度的刚性要求是对当事人最好的保护。

三要积极参与法律活动。目前基层普法工作已经有了很大改进，高等院校援助的程序也逐渐正规，所以法治教育除了学习理论外，同样要加入实践的内容。通过实践活动增强学生知法、守法、用法的意识。高等院校教师要在其中起到沟通和协调的作用。比如，积极组织学生参与全国法制宣传日、法律进学校等活动；鼓励有需要的人员参与法律援助，多渠道给予帮助支持。

（三）不忽视心理健康教育

对于高等院校的学生来说，心理健康教育也显得尤为迫切。心理问题往往比较隐蔽，而且涉及自身隐私，很少有人愿意主动倾诉或者交流，所以一旦显露出症状或被发现时往往就已经较为严重，学生心理问题解决不好，除了个人痛苦外，还会影响其他学生的心理健康，所以，对于心理健康教育，我们应该从以下四个方面给予关注。

一要针对不同类型人员定制教育内容。对于学历层次较高的高等院校学生而言，每个人都有强烈的自我意识和自我认知，开展心理健康教育除了开展常规的心理常识理论、缓解压力教育外，更应该“一人一策”开展定制化教育，针对不同人员的不同性格特点，预防性开展谈心工作。例如：教师可以开展的“情绪卡”管理，相关教育人员将所属学生按照性格特点差异，用不同的颜色做出标识。比如性格开朗活泼的学生用黄色表示，性格内向的学生用绿色表示，意志低沉、情绪不佳的学生用蓝色表示，爱冲动的学生用红色表示，已经出现轻微抑郁迹象的学生用灰色表示，每一名学生都有自己专属的心理卡片和心理档案，并且可以动态调整。比如对待黄色性格的学生，定期关注有无较为反常的心理变化即可；对于绿色性格的学生，定期开展谈心交心，并且有意识地让他们参与一些团体活动，尽量多开展交流；对于蓝色性格的学生，要经常性地给予关注，有必要时应安排心理骨干给予“一对一”的帮助，尽快让其走出心理不适区；对于红色性格的学生，要经常性地提醒其冷静、再冷静，给予其心理暗示，遇到不如意的事情要克制，控制情绪的发泄；对于灰色性格的学生，要重点关注，除了强烈的心理干预外，可以请专业人士给予指导帮助。

二要针对不同工作场景定制教育内容。临近毕业的学生需要参加一定的就业实践，需要长期在外，出差、代职、培训，所以对于这些在不同工作场景面临的不同心理压力的学生，应该有不同的心理教育方案。尤其是在外参加就业实践的时候，面临的心理问题主要有：新的工作无所适从，出现问题觉得能力不够、压力大，每天工作重复简单觉得没劲，长期在外感觉孤独寂寞，协调不好学习和工作的关系等，对于这些学生易出现的心理问题，作为思想政治教育管理者要提前做好预案，以便能够沉着应对。

三要着力培养学生健全的自我意识。在与学生的访谈过程中，有两个案例让笔者印象很深刻。张同学是一名学习勤奋也很踏实的人，在班级中属于中坚力量，但是迟迟解决不了竞选的问题，在2019年本来信心满满的他却再一次落选。表面上看似还一如既往，没有异样。但在谈心过程中，他透露刚知道结果的那一段时间天天晚上睡不着，委屈气愤情绪很重，对工作和生活的意义都产生了怀疑。好在后续经过自我调节，加上朋友家人的疏导才走出了阴霾区，渐渐接受了现实。但现在反过来想，如果小张自我调节能力不强，或者被别有用心的人员蛊惑，那么导致的后果则完全不可预知。另一个案例中李同学是一个踏实肯干的学生，但却在2019年底出现了一些问题，在与他交谈的过程中了解到，他们班级刚换了一个老师，和他脾气不对付，他认为，无论自己做什么，老师都看不上，常常批评他，他总觉得老师事事针对他，觉得学习没有动力，所以想离开。这两个案例，很深刻地反映出学生自我意识健全的重要性，思想政治教育与管理者在开展心理教育时，必须要不断地激发学生自我意识的觉醒，促使他们通过反省解剖自我，使自我认识和评价更符合实际。

二、高等院校思想政治教育工作的方法创新

没有好的方法，再优秀的高等院校思想教育管理者，悟性再好的学生，也不能达到最优的教育效果。经过前期调研和分析，结合目前的高等院校现状，提出以下六种方法创新。

（一）借助现代多元的媒介工具

目前来看，只依靠一本书、一个教室开展思想政治工作并不科学。随着时代的发展进步，思想政治工作也应该与时俱进地借助更为现代化的媒介工具来开展，提升趣味性和有效性。

一是借助互联网或校内专网。网络的资源取之不尽，但利用率不高，是因为缺乏有效的筛选手段和整合能力。比如要做一期关于形势教育，央视或者很多主流媒体都有报道，如何整合成一篇有头有尾、逻辑性强的教案，是需要高等院校思想政治教师下真功夫的。在访谈过程中，有人谈到教师经常会用到网络教学，再具体细问，就是打开相关视频让大家看完、

签到、照相留证据就行，完全没有对教育内容进行引导和深入解读，相当一部分人员感觉乏味甚至厌烦。如此看来，“拿来主义”并不可行。

二是借助微信或其他聊天工具。在符合保密要求的前提下。微信可以在不拘泥于形式的情况下，让思想政治教育者与高等院校学生在轻松、放松的状态下实现点对点谈心、点对面教育。这种方式不仅受众完整，而且还不存在缺课的情况。难点就是对于有些涉密的教育内容如何处理。微信这种方式是一种方便的沟通方式，也为领导和下属们沟通起到了很好的桥梁作用。很多时候，教师所需要的相当一部分内容和数据，大部分是通过微信收集，再开展定性定量分析完成的。

三是“走出去、引进来”。“走出去”是指应该多组织一些户外参观见学或团建活动，不仅仅局限于去受教育，而应该换一种理念，去交换教育。把本校好的教育理念带出去，同时吸纳外面的好的做法。同时，多开展团建活动可以增强学生的凝聚力和向心力。“引进来”是指要将好的教育资源引入学校，比如邀请专业人员进行理论授课，邀请相关单位共同参与红色教育等相关活动。

（二）以学生为主导的侧重

针对不同受众设计不同的方案，思想政治教育工作由“订餐式”向“点餐式”过渡需要一个适应的过程，由受众主导的教育理念应在考虑教育内容覆盖全面的前提下开展。教育内容在覆盖性上要保证完整，这既是高等院校固有属性的要求，也是国家相关文件对思想政治工作的基本规定，但保证完整性不意味着生搬硬套地将每个教育内容、每个点都覆盖，而应该根据学生的特点，采用“侧重性全面覆盖”的方法进行调节。对于得分较低的教育内容不能完全按照学生的意愿予以否定，相反思想政治教育者要更加强调其重要性。比如涉及安全稳定的管理教育，涉及学生世界观、人生观养成的主题教育，往往这些教育说教的成分多，不容易引起学生的兴趣，但绝不能因噎废食，将受众所感兴趣的天天讲、月月讲，而其他则束之高阁，不闻不问，这也是受众为主导的可控工作理念中“可控”的含义。

有学者在一些高等院校开展了“侧重型覆盖”思想教育的试点，具体方法是根据前期调研的结果，对部分得分较少的教育内容进行了整合，抽出重点进行学习，在最后一周通过问卷的形式考查大家的掌握情况。通过与未整合时的情况进行比照分析，考查教育效果。经过对比发现，采用“侧重型全面覆盖”的教育内容掌握情况要比全部传达学习掌握程度高20%左右。但侧重型全面覆盖的问题在于对思想政治教育者提出了较高的要求，对教育重点内容的选取更为关键。

（三）采用交互性的开展方式

交互性是指在思想政治工作开展过程中应更多地加入交流互动的内容，发挥学生在政治工作中的主体能动作用，注意内部挖潜，以焦点辩论、难点辨析、现身说法、新闻评点等为载体，改变以往千篇一律以读为主的模式，同时交互的过程并不等同于头脑风暴的过程，所以要强调闭环的完整性，即在互动中可以对中心思想有一些偏离，但应在思想政治教育者的掌控范围内，最主要的是不能让学生带着疑问或错误的观点结束教育。

在高等院校，很多学生经历丰富、见多识广、思想活跃、善于表达的特点，思想政治教育者要积极搭建交流互动的平台，变单向灌输为双向互动。在整个调研的过程中，笔者分析交流互动式的教育成果，有四个互动式的交流方式值得推荐：一是“一人一课”的授课方式。某个教师在全年教育中采用了此种方式，每个人都要在室内讲一课，具体的讲授内容不受限制，可以是国学、心理学等，此种互动交流方式形式比较单一，但内容很丰富，而且每一名授课者都能就自己所擅长的领域进行讲授，提前准备，这样的讲课内容很能吸引受众；二是“知识竞赛”的授课方式。某教师借用了“一战到底”的竞赛模式，将政治学习的内容编成一个个小的知识点，一一对抗，最终选出胜者。此种方式形式新颖，容易抓人眼球，但对参与者要求较高，需要提前准备题库，对考核内容要进行记忆，否则很可能无法形成互动；三是“辩论赛”的授课方式。辩论赛的形式生动有趣，但和“知识竞赛”一样，对参与者的要求较高，需要提前准备的材料很多，而且辩题的选择、选手临场的发挥都是很关键的影响因素，组织不好容易引起冷场。在辩论的过程中，对场上形势的引导也很考验主持人或组织者的能力；四是“体会交流”的形式，这种方式较为常见，操作性强，和思想政治教育贴合度最高，常采用的有座谈式交流和发言式交流两种，对于学生来讲，座谈式的方式更实用、互动效果更好。

在做好交互性的同时，思想政治工作的闭环性也非常重要，往往在一个活动开始前，思想政治教育者要对活动可能产生的效果和风险进行评估；在活动结束后，同样要对活动最终产生的效果进行评价，以便下次改进。在基层调研时，一名教师提到，去年在他组织的一场思想教育座谈会上，一名学生就“教育笔记无用论”谈了自己的看法，他认为有一大半是为了应付检查，抄教育笔记纯粹为了打发时间，在他刚发言完后还有几名学生随声附和，当时这名教师没有专门准备，所以对这个问题的解答不是特别有理有据，主要是从笔记是学习的重要组成部分等方面进行了答复。在座谈会结束后，他经过思考，又从提高个人理论素养、笔记体现学习力等更为深层次的原因单独与这名年轻学生进行了交流。但是从前期座谈会的效果看，并没有完全将教育完全闭环，很多人还是带着“笔记是不是无用?”这样的疑惑离开了教室。

（四）提升评价体系的科学统一性

要将思想政治教育引入个人评价体系中。通过强制性的要求，提升思想政治教育工作的重要性。评价体系建立的基础是评价标准的确立，核心则是评价因子的选择和权重的划分。目前已有部分高等院校做了相关尝试，某高等学校年度量化考评时引入了“政治教育”并给出了10%的权重，即10分。评价标准分为两部分：一是行为评价，即全年政治意识良好，未发生政治问题得8分，否则不得分。二是思想评价，即全年教育笔记完整，得2分；教育笔记一般，得1分；教育笔记缺失较多，得0分。按照这个评价标准，每人都基本得到了满分。这是因为标准制订的过于宽泛，缺乏可操作性，以教育笔记为例，一般或缺失较多该如何定义？在自我评价的过程中，大家普遍认为自己的教育笔记应该属于完整的。另外，全年政治意识良好未发生政治问题，这个不应该纳入到打分项中，应该放入到“一票否决”项中。通过这样的评价试行，可以看到将思想政治教育引入个人评价体系中，首先应该要建立合理的评价标准。在和受访人员交流过程中也受到启发，可以采用以下两种方式引入。

一是考核式引入，在期末评价时，对全学期政治教育内容的重点进行考核，并给出分数。考核的题目应主观和客观相结合，尤其是客观题不应太难，而主观题更应该紧贴实际，分数可以按照权重，转变成年度评价的分数，这种引入方式操作起来简便易行，通过一份试卷就可以完成，但难点在于试卷题目的设置是否能覆盖全面、重点突出，这也是考验思想政治教育者自身对教育内容的理解掌握程度，而且不能忽略被评价者对考核产生的逆反心理；二是评价式引入，通过成立评价小组，进行面对面提问，给出评价分数再换算为年终分数。这种引入方式较为公正客观，但问题在于对评价小组成员的选择要客观，而且此种评价方式不适合于人数过多的班级进行，应该在更小的范围内组织实施。

（五）实现多方联动

随着高等院校间的联系越来越广、高等院校和地方的融合越来越多，“开门办教育”为高等院校思想政治工作提供了新的途径和方向。对于高等院校来说，很多时候一些教师不是专业的政治工作人员，对思想政治工作的理解和把握程度远远不及专业人士，所以多渠道联动，实现组教施教最佳化、质量效益最大化是高等院校最为需要的方法创新。

一要向社会延伸。坚持把眼光投向广阔的社会大舞台，利用社会丰富的教育资源开展学习，对于高等院校来说是较新的一种尝试，尤其是随着这些年各方面融合趋势的不断深入，利用社会资源开展思想政治教育成为思想教育的新手段，比如，积极运用地方纪念场馆、重要展览等教育资源，组织学生参观驻地城市发展、国防教育基地，使大家从生动实践中深切感知教育的内涵和要义。以某高等院校为例，据统计在 2015 年至 2019 年五年间，先后与地方社会单位组织参观见学、学习交流等活动将近三十余次，极大拓宽了思想政治工作的开展路径。包括与常规的红色教育基地开展合作，充分利用成熟的红色教育资源，帮助学生感悟科学理论的真理魅力和实践价值；同时与地方一些对口企业开展合作，借鉴企业的党建文化来推动本单位党建工作再提高；另外利用”七一””八一”等特殊时间点，与地方社会资源开展共建活动。

二要向家庭延伸。充分考虑家庭、亲友对学生思想影响较大的因素，把与家庭沟通联络作为一项制度长期坚持，共同做好学生的思想政治工作。在评功授奖等重要时机适当邀请家长参与，见证光荣时刻、分享收获喜悦，增进学生对学校的归属感和认同感，增强思想政治工作的感染力。

有的学校组织召开了一次家长坐谈会，共邀请了13名家长参加会议，占开会总人数的三分之一，会上每个人都讲述了自己和孩子生活的点点滴滴，包括自己对学生家长身份认同的过程。对于高等院校的学生来说，家庭是非常重要的一个环节，做好家庭成员的思想教育工作，形成比较稳固的家庭关系，是确保各项工作圆满完成的基础。

三要向教师延伸。院校理论水平高，要充分发挥院校专家教授的作用，着力解决基层解理论之渴、蹚教育之路。目前，依托网络和各种APP的在线教育模式已经比较成熟，各高等院校的相关教师可以依靠网络模式开展政治教育，更为方便快捷。在线教育资源多数都是依托院校整理而成的，其中涉及思想政治工作的种类非常丰富，而心理健康教育、法规法纪教育最受基层学生欢迎。除了使用在线教育课程外，也应适当引入一些面授形式，比如在重大政策宣讲或重要精神传达时，除了时间方面的考量外，面授还可以引入一些交流互动的内容。

四是向领导层延伸，做好“挂钩帮带”，形成领导层与思想政治教育的“点对点”挂钩、教师与学生“结对子”互促等形式，安排各级领导和教师结合所学、所感、所悟，深入学生中面对面答疑，用自身学习成果带动教育效果不断深入。比如某高等院校每年至少安排领导对学生指导四次，除了参加必要的会议外，还会对主题教育、重大思想问题等方面进行调研，尤其在思想教育方面，在和学生的挂钩帮建中，可以更好地给予帮助和指导，学生反映一致较好。

（六）营造浓厚的思想政治氛围

增强思想政治教育工作吸引力感染力，创建良好的教育环境氛围是非常重要的一个环节。思想政治氛围的营造，既依托于必要的硬件建设，也离不开多样的制度建设。以某高等院校为例，主要通过加强上墙文化、事务栏、荣誉室（墙）、公共媒体等四种方式开展氛围营造工作。

一是上墙文化必不可少。展板、橱窗、宣传条幅等宣传符号是最为常规的氛围营造方式。通过科学的设计编排，与重要教育内容相互呼应，有助于学生掌握教育的重点和精髓。以某高等院校为例，2019年，在其工作场所共布设有两个橱窗展示栏、四个展板展示区、挂设有两个条幅。橱窗分别展示的是：庆祝中华人民共和国成立70周年和年度主题教育的内容，四个展板分别展示的是：学校近五年发展目标、校训、年度工作思路及重要讲话；条幅则是一些有趣的标语。通过上墙文化，将环境与思想政治工作有机结合起来，实现思想政治教育的潜移默化的影响。

二是及时用好事务公开栏。事务公开栏是一个学校各类基层事务的主要场所，也是学生最为关注的场所之一。事务公开栏与上墙文化相比，因其具有可随时更换的特点，流动性强，更易于展示一些时效性较强的内容。在通过对几个高等院校事务公开栏的观察，有不少高等院校为党建或思想建设开辟了专门的位置，主要展示有心理健康教育学习资料、教育活动计划、与教育相配合的人员承诺书等。

三是利用好荣誉室（墙）。思想政治教育工作需要时间的积淀和实践的考验，需要一代代薪火相传，所以精神的传承对于学生来说有着更为深层次的意义。在各高等院校都不同程度地建设有荣誉室或荣誉墙，这是高等院校思想政治工作最生动、最接地气的活教材。以某高等学校荣誉墙为例，主要设计的功能模块有学校简介、历史沿革、主要荣誉、未来展望四个部分，充分展现了一个学校的历史脉络、先进典型等内容，在一些重要的时机，组织人员定期参观荣誉室（墙），了解学校文化，可以提升学生对学校的认同感，激发学生和相关工作人员工作的积极性和主动性。

四是凸显公共媒体的宣传作用。利用新闻广播、新社交媒体等方式开展思想政治氛围的营造，包括典型人物事迹宣扬、思想工作开展情况介绍等，采用媒体方式的思想政治氛围营造，传播性好、受众面广，能起到事半功倍的效果。例如有的高等院校制作了四期”人物风采”系列活动，选取了四个主题，分别是“年轻教师骨干系列”“学生学校生活”“家庭系列”“优秀学生系列”，在“我们的天空”“学习天地”等媒体公众号上进行了发表，让更多的人了解到学生学习和生活的点滴，为提升学生荣誉感提供了有效途径。在与学生进行交流时，大家普遍认同此类宣传模式，一个学生说道：“看到新闻上同学的故事，就好像看到自己一样，感同身受，特别愿意把新闻转出去，让更多的人看到，更好地了解我们。”同时、通过公共媒体进行氛围营造时要特别注意保密隐私的问题，防止发生侵犯隐私的事情。

三、高等院校思想政治教育教师的能力创新

高等院校思想政治教师知行统一、行稳致远的人格魅力，对增强政治工作感召力起着关键作用。全面提高高等院校思想政治教师综合能力素质，大力优化施教队伍，加强高等院校思想政治教师品德本领内涵修养，是高等院校基层思想政治工作创新的关键。

（一）教师要在学真理上下功夫

只有坚持学在前、用在先，才能更好地发挥真理力量。笔者在和一些高等院校教师沟通交流中发现，部分高等院校思想政治教师在补好“信仰之钙”上存在有“三多三少”现象：一是学习上零敲碎打的多、系统研读的少；二是理解上浅尝辄止的多、融会贯通的少；三是实践上学用脱节的多、内化转化的少。高等院校思想政治教师是学生灵魂的工程师，只有带头补足“精神之钙”，让高等院校学生见到立场，有了政治定力，他们才信得过。

高等院校思想政治教师要带头创新理论。要让别人信，自己首先要真信。教师要将思想政治理论作为自己的一份政治追求，认真研读马克思经典著作，深入学习中国特色社会主义发展史，深透领悟习近平系列重要讲话精神，从理论渊源、历史哲学、实践价值等方面增进高度政治认同、历史认同、情感认同。不能课上一种状态、课下一种状态。

高等院校思想政治教师要带头，虔诚、执着地讲好道理。比如，“讲中国梦”、“两个一百年”的宏伟目标，将大道理传播好。笔者在和高等院校思想政治教师沟通时发现，现在大家都不愿意讲大道理，中央或上级的精神原文，很少有人原原本本读一遍，大部分都是把大标题记下来，记一些要点，或者对其中重点的理论做一些解读。在笔者看来，上级的文件或教育内容都是经过千锤百炼、反复斟酌后的精品，比如十九大报告、习近平总书记在各类会议上的讲话等，不认真学习根本无法掌握其理论架构和要义精髓，所以建议教师要将一些好的报告和讲话列入集中学习的目录，原原本本学原文，提升自身理论素养。

高等院校思想政治教师要带头笃定不移地听党指挥，端正价值追求不

动摇，站稳政治立场不动摇，关键时刻不含糊。听党指挥对于高等院校思想政治教师来说是非常严肃的政治立场问题，随着网络媒体越来越发达，各种错误思潮也日渐抬头，高等院校思想政治教师必须自己要能分辨清楚，并且能将这些错误理论驳斥清楚，这正是高等院校思想政治教师必须听党指挥的关键所在。

（二）教师要在勇担当上树榜样

目前，高等院校思想政治教师具有全日制本科以上的学历，但大多数成长轨迹比较单一，往往是毕业就上岗，或者是学生直接任职，对思想政治工作的了解与实践不足，对话能力较弱；二是有知识、缺经验。大多数高等院校思想政治教师经过院校系统培训，文化知识、专业知识比较扎实，但缺乏丰富的阅历作为支持，缺少实践磨砺，解决问题能力弱，尤其是遇到棘手的问题更是无从下手；三是有想法、缺方法。对待思想教育工作，有很多好的想法，但总是停留在纸面，无法实现，不善运用具有时代元素或学生喜闻乐见的新手段新形式；四是有热情、缺交流。有的高等院校思想政治教师热情较高，但不善于敞开心扉，不愿和大家真心交流，也不愿意主动去了解学生的实际困难，总是和大家保持一种距离感。这些问题和高等院校思想政治教师自身的“功力”不强有很大关系，高等院校思想政治教师只有自身素质强，让学生看到真能力，他们才会佩服信服。

一要耐住寂寞，不倦追求。在《士兵突击》中有这样一个桥段：士兵许三多被分配到一个偏远的点号，最终他依靠自己的努力，成功地修出了一条路。高等院校思想政治教师也需要有这种耐得住寂寞的定力，“台上一分钟，台下十年功”，按部就班、照本宣科地讲大家都会，但是要讲好讲深讲透却很难。

二要勇于探究、认真钻研。凡事探求就里，是每一名高等院校思想政治教师应该具备的品质。作为学生的“思想按摩师”，高等院校思想政治教师要以研机析理、反思问题为抓手，运用问卷、座谈等方式，切实把学生的思想搞清楚，把问题本质和规律搞准确，把思路和对策搞透彻。笔者了解到，对于国家下发的好多文件，教师无法利用政治教育时间全文传达，只能简要的传达要点，导致很多人都没有具体了解到文件精神。但有的教师对部分重要的文件，实行文件传阅制度，确保人人看到学到，这正是在不断实践和研究中总结出的方法，也是高等院校思想政治教师需要长期保持探究心的真实写照。

三要紧跟时代，引领前沿。高等院校思想政治教师如果脱离于时代，那就难以架起走进学生心灵的桥梁。必须把理念领先放在首位，不断强化思想领先是真领先、把握潮流是真潮流观念，在学生群体中，有的高等院校思想政治教师与学生年龄相仿，所以在对时代性的把握上基本能保持同频共振，但也应该看到，目前社会变化的速度之快，高等院校思想政治教师不可能对所有新的理念、新的理论都完全掌握，所以要加强信息的获取。笔者在调研时经常发现，有些高等院校思想政治教师开展教育时，用着还是十几年前的参考材料，每年都学同一本书，无法提高学生对思想政治工作的兴趣。

四要攻坚克难、敢于担当。敢于解决重点、难点和棘手问题，方能彰显高等院校思想政治教师的魄力和创造力。针对学生成分多样、思想隐蔽、诉求各异的难点，要有“不怕事、不躲事”的气魄，敢于接招、敢于创新，针对思想政治工作中的重、难点问题，以“敢啃硬骨头”的胆识闯劲，深化研究，聚力攻关。在和学生座谈的过程中，了解到目前学生主要的思想问题有三个方面：一是自我价值无法实现的问题；二是婚恋矛盾的问题；三是工作压力导致思想出现问题。有些问题可能高等院校思想政治教师本身并没有遇到过，也没有感同身受的体验，这就需要政工管理者换位思考。例如：某个教师为一名学生调解一起失恋案件，这名学生和其对象互不相让，让这名教师很为难，于是他选择单独谈话，了解双方的需求和困难，谈话过程中他不断转换立场，最终圆满解决了双方纠纷，类似这种棘手而有突发的事件，最考验高等院校思想政治教师作为的勇气和应变处置和能力。

（三）教师要在站排头上立标杆

“喊破嗓子不如作出样子”。目前高等院校思想政治教师往往缺乏安心安业的静气，缺乏敢于冲锋的胆气、缺乏扎实落实的韧劲。随着高等院校教学改革的不断推进，以实践为标准的评价机制已逐步建立，作为高等院校思想政治教师，必须站排头、实处干，这是无声的号令和无形的感召。

在高等院校，对于从事思想政治工作的教师来说，受岗位要求限制，在一个班级连续工作时间非常有限，相对于高等院校学生，思想政治教师往往都是以党员同志的面貌出现，所以高等院校思想政治教师的一言一行都会成为学生关注的焦点。在调研时，笔者发现有一半以上的学生都会认为高等院校思想政治教师是掌握政策最全面，和大家最能打成一片的教师，高等院校思想政治教师和学生之间距离感较小，所以更能产生较大的影响力。据心理学的分析，在开展教育的过程中，高等院校思想政治教师所说的每一个观点，学生都会不自觉地首先将自己作为对照物，比如，教育过程中讲到所有人员要按照要求落实好寝室制度，那么在学生看来，自己是作为第一个遵守者，第二个遵守者，即高等院校思想政治教师一定要作出相应表率，否则自己的遵守便显得毫无意义。

“站排头”是高等院校思想政治教师的职业素养，高等院校思想政治教师是在人的头脑里搞建设，必须保持“水滴石穿、铁杵磨针”的定力，久久为功。要高觉悟认识到位，深刻领悟习近平同志“政贵有恒、治须有常”施政理念，不断强化“咬住青山不放松”的韧劲。

(四) 教师要在晓冷暖上做表率

对于学生而言，高等院校思想政治教师只有捧出真心、献出真爱，学生才能切实感到温暖。

一要接地气，做学生的知心人。倾听对高等院校思想政治教师来说，是了解学生最好的手段，但如何让学生愿意敞开心扉，说出心里话，是高等院校思想政治教师需要长期做好的功课。高等院校的学生，其性格特征、学历层次、年龄大小、家庭背景、学习专业等多方面因素使得每一名学生有其独特性。作为政工管理者，必须要对每一名学生给予一对一的关心关注。有的教师可以随口说出学生的手机号码、籍贯、毕业院校，甚至和许多学生家长都成为好朋友，家长里短、学习内外，大家都愿意和教师倾诉，教师也总是不遗余力地尽全力帮助大家。

二要重道理，做学生的保护者。人都难免有犯错的时候，作为高等院校的学生，成长道路相对单一，很多都是从高中直接到高等院校，少了社会的历练，在面对矛盾、问题、困难时往往拿不出好的解决方案，甚至受人蛊惑，还有可能选择错误的方案。这时候，高等院校思想政治教师应该站出来，帮助他们分析利弊，给出最佳的解决方案。作者曾听一名教师讲到，系里一个年轻学生因为生活纠纷和同学动了手，受伤住院，同班同学学生气不过，竟然要花钱找当地的小混混去给他报仇，还好在打电话时被教师听到，教师帮他分析了各种解决方案的利弊，尤其是对他提出的“以牙还牙”方案，帮他设想如果真的实施后会产生什么样的后果，这名学生惊出了一身冷汗，后怕地说幸亏碰见了教师，否则后果不堪设想，最终圆满解决了纠纷问题。

三要明规划，做学生的领路人。学生成长的道路上难免会有迷茫的时候，尤其是要步入工作岗位的年轻人，面临着人生最重要的十字路口不知如何选择，这时候就需要高等院校思想政治教师强化“师长意识”，精心为他们设计“路线图”，帮助他们走好职业生涯的关键几步。比如，对于年轻人刚参加工作如何选择岗位的问题，高等院校思想政治教师应结合他的专业所学和兴趣爱好，给予引导，帮他选到最适合他的岗位。

可以说，思想政治工作最重要的一点还是高等院校思想政治教师的立场问题，这是增强思想政治工作感召力的核心要素和前提条件。必须把端正高等院校思想政治教师根本立场、增强教育感召力，作为一项长期性、根本性工作抓紧抓实。

第二节　高等院校思想政治教育中多种资源的运用

一、红色文化资源的运用

学习红色文化对学生的成长有着重要的意义，寻求红色文化资源与思想政治教育的结合点也是学者研究的重点和热点。在教学中充分运用一些红色文化资源，不仅能发挥红色文化资源的引领价值，丰富教学资源，增强思想政治教育的有效性，而且还可以增强学生民族自信心和使命感。而且新时背景下要求我们高度重视红色文化建设，利用好红色资源，发扬红色传统，传承红色基因，传递红色火炬，充分发挥“红色精神”的育人价值。2016 年 4 月 24 日，习近平总书记考察革命老区金寨县时曾高度赞扬了老区的革命精神，老区精神积淀着红色基因。2021 年 3 月 30 日，习近平总书记对革命文物工作作出重要指示时强调，革命文物是承载党和人民英勇奋斗的光荣历史，记载中国革命的伟大历程和感人事迹，是党和国家的宝贵财富，是弘扬革命传统和革命文化、加强社会主义精神文明建设、激发爱国热情、振奋民族精神的生动教材。

在探究红色文化资源价值与运用的基础上，深化红色文化的内容，进一步研究将红色文化资源融入高等院校思想政治教育教学中的必要性与有效路径，有助于弘扬地方红色文化，彰显红色文化资源的独特优势，使红色文化资源更好地运用于高等院校教育中，实现红色文化的普及与大众化。

思想政治学科是一门立德树人的课程，将红色文化资源应用在这一部分的教学中，使理论知识生动化、形象化，通过展示具体的红色案例，让学生近距离感受革命精神，不仅能帮助学生理解和掌握理论知识，还能增强文化自信和民族认同感。

具体来说，红色文化资源在思想政治教育中的运用能够丰富教学资源，增强教学效果。将其作为课程资源进行教学，有助于丰富思想政治教学资源。通过挖掘红色人物、遗物、事件、精神等资源，树立榜样和典范，有助于学生效仿和学习，从而增强教学有效性。

同时，红色文化资源在传承革命文化，实现育人价值方面有突出效果。师生在进行探究、学习红色文化资源的过程中，也有助于文化资源的开发、利用，在传承优秀革命文化的同时，进一步丰富红色文化资源的内涵。思想政治教育尤其重视情感、态度与价值观的教育，红色文化资源作为文化载体，具有特有的育人优势，深入挖掘红色文化资源的育人功能，有助于学生良好价值观的形成。

例如，学者张泰城、常胜（2011）在《论红色资源融入思想政治理论课教学的有效途径》一文中提出“红色资源是中国共产党成立以来，在马克思主义中国化的历史进程中而凝结的精神产物，也是中国革命斗争过程中形成的物化产物，是一种以精神的（井冈山精神、长征精神等）、信息的（标语、书信等）、物质的（旧居、遗迹等）等形态表现出来的资源。[1]”又如，学者孔海棠等（2018）在《安徽红色资源在高等院校思想政治教育中的运用》一文中从不同角度探讨，将红色文化资源融入高等院校思想政治教育的途径，如创新培育模式，在理想与实践课堂中提升思想境界、重温红色历史；创新实践途径，在角色扮演、课题调研、团队竞赛中传承红色基因、认清使命担当、激发自我潜能；探索创新机制，加强多方合作，设立红色教育实践基地。[2]

参考以上学者的研究，我们可以来具体研究红色文化的概念及其与思想政治教育结合的路径。

（一）红色文化概述

红色文化在不同领域有不同的研究体系。作者从红色文化的概念入手，分析红色文化的主要内容和表现形式。

红色文化有别于其他文化，最根本的点在于“红色”。红色文化的概念，广义上是指在社会历史进程中，人们的物质和精神方面所达到的方式和程度；狭义上是指在社会历史进程中，中国人民在中国共产党的领导下所有物质形式与精神内容的成果体现。红色文化，就其内容来讲主要分为物质红色文化和非物质红色文化。

具体来讲，物质文化方面包括革命遗迹遗址、革命遗物文物、革命文献和纪念场馆等。红色遗迹遗址是指在新民主主义革命时期中国共产党战斗和生活过的地方，主要有各类不同的建筑或场所，包括住所宅第（图4-1）、坪台场地、红军学校、红军医院（图4-2）、军事设施（图4-3）等等。

① 张泰城，常胜．论红色资源融入思想政治理论课教学的有效途径［J］．思想理论教育导刊，2011（12）．

② 孔海棠，董淑平，衡连伟．安徽红色资源在高校思想政治教育中的运用［J］．安徽理工大学学报（社会科学版），2018，20（01）．

图 4-1 八角楼毛泽东同志旧居

图 4-2 红军医院旧址

图 4-3　中国红军第四军军部旧址

革命遗物文物是指与历史事件和重要人物有关的各种用品用具，包括办公用品、证件徽章（图 4-4）、衣服被子、家庭用品（图 4-5）、耕作农具（图 4-6，图 4-7）、通信器材、武器装备等等。

图 4-2-4　帽徽

图 4-5　煤油灯

图 4-6　黄洋界保卫战修筑工事的铁镐

图 4-7　朱德的扁担

革命文献是指记录革命历史进程和人物活动的书面文字材料，以及影像资料等。具体内容包括纲领规章、宣言公报、指示命令、法规条例、布告通告、信函、电报、报纸期刊、讲稿笔记、著作等，如图 4-8 所示。

图 4-8　中国工农红军创办的红色刊物

纪念场馆是指为纪念革命战争年代的英烈和重大事件而建的各类建筑场地，包括博物馆、纪念堂馆、烈士陵园、碑亭台柱、纪念广场、纪念雕塑等，如图 4-9、图 4-10、图 4-11 所示。

图 4-9　井冈地标

图 4-10　“井冈红旗”雕塑

图 4-11　“胜利的号角”雕塑

由此可见，红色文化作为文化的一种特殊形式，是人们对革命先辈的精神与奋斗史的尊崇与认同，同样也将成为后人寻找精神支柱和灵魂托付最好的精神纽带。

精神文化方面主要是指中国共产党带领人民群众在新民主主义革命时期所形成的意识形态的总和，可以分为思想观念、信仰信念、理论观点、道德伦理、精神品格、情感情操等方面，具体内容包含政治理论、文学艺术作品和歌曲戏剧等，反映了中国共产党的伟大历史进程和带领人民群众所创造的丰功伟绩。中国共产党根据时代需要不断推进马克思主义的中国化、大众化，引领主流社会意识形态根植于人民群众的精神生活之中，创造了革命年代的长征精神、井冈山精神（图 4-12）、苏区精神、延安精神、红船精神等都是红色文化在精神领域的表现。

图 4-2-12　井冈山精神

（二）红色文化资源的价值所在

习近平总书记在十九大报告中指出，要广泛开展理想信念教育，深化中国特色社会主义和中国梦宣传教育，弘扬民族精神和时代精神①。理想信念可以引导人们的价值取向和行为选择，是世界观、人生观和价值观的集中体现，具有重要的方向指引和动力支撑的作用。红色文化蕴含丰富的教育资源，能够坚定人们的理想信念，提高人们的思想道德素质和科学文

① 中国共产党第十九次全国代表大会. 2017 年 10 月

化水平，是进行道德教育的重要载体。经济社会的快速发展引起了人们思想上的深刻转变。在不同的历史时期，思想道德教育需要以不同的载体为依托，而红色文化伴随中国共产党的成长，在新民主主义革命发展的进程中内容不断得到丰富和完善。中华人民共和国成立后，红色文化与时俱进，与不同历史时期的精神文明进行融合，其中包含的革命精神是广大人民群众共同认定的崇高理想信念，在宣传思想工作中具有重要的教育价值。

首先，红色文化可以坚定学生的信念。改革开放以来，我国经济社会发生了翻天覆地的变化，人民群众的物质生活状况整体得到非常大的改善，但仍然有一部分学生在精神上陷入了信仰危机。特别在互联网时代，各种信息庞杂多样，这对学生的思想观念带来冲击。红色文化形成于新民主主义革命时期，伴随着中国共产党的不断壮大被赋予了更深的精神内涵，这种精神给予我们中华民族钢铁般的坚强意志和不朽的民族之魂。为什么我们能在过去非常困难的条件下奋斗出来，战胜艰难险阻最终取得革命的胜利，就是因为我们有理想，有马克思主义信念，有共产主义信念。红色文化中饱含的勤劳勇敢、百折不挠的崇高精神品质，对当前高等院校学生坚定跟党走的信念具有强大的教化作用。理想决定方向，信念产生力量。运用红色文化中蕴含的马克思主义信仰，以社会主义、共产主义的理想信念进行思想政治教育，能使受教育者树立坚定的社会主义、共产主义信念。当前的高等院校，正是需要学生积极参与和努力奋斗的场所，需要发扬红色文化所蕴含的坚定理想信念，才能实现高等院校学生们的全面发展。

其次，红色文化可以提升学生群体的思想道德素质。“百行以德为首”。一个社会拥有先进的文化并不一定带来人们思想道德素质的提升，但先进的文化是思想道德素质提升的必要条件。道德具有历史性，不同的历史时代有着不同的道德。红色文化拥有系统的道德规范和行为准则，其中所蕴含的道德观是社会主义道德文化的鲜明写照。红色文化内涵丰富，表现形式多样，可以有效弥补高等院校宣传思想工作内容枯燥和形式生硬的不足。比如，红色文化中榜样的力量，那些英雄人物、仁人志士在物资极度匮乏、环境极其恶劣的情况下所展现出的精神风貌就是宣传思想工作的有效宣传点。没有什么可以像榜样这样温和而又深刻地打动人心。红色文化中的英雄人物在历史进程中创造的丰功伟绩和发挥的巨大推动作用，能够让人思想上受到震撼，精神上受到洗礼，情感上受到感染，见贤思齐，形成正确的价值观，激发高等院校学生努力学习、干事创业的热情和动力。

（三）红色资源和思政教育结合

1. 重视学生干部的引领作用

学生干部是学生自己选举产生的，承担着自我管理、自我教育和自我服务的重要职责。学生干部在高等院校发展和意识形态引领中有着重要的作用，是密切党群关系、干群关系的桥梁和纽带，是维护良好秩序推动精神文明建设的领头人，是推动广大学生发展的先锋队。因此，高素质的高等院校学生干部队伍是推进红色文化宣传教育，扎实做好各项高等院校工作的重要基础，对高等院校思想政治工作的顺利开展有着重要影响。

首先，要做好发展学生干部工作，为干事创业增添发展动力。人才是根本，党员干部是关键。当前，要增强高等院校学生干部队伍的战斗力，就要从高等院校学生当中发现优秀人才并加以培养，使其成为思想政治的积极参与者。很多时候，学生在精力上比教师更加充沛旺盛，在学习上吸收能力更强，更能适应当前的思政工作，更有利于推动高等院校思政教育各项事业向好发展。

其次，要做好党员的培训工作，强化党员的先锋队作用。高等院校要完善党员培训计划，增强广大党员干部的党性和道德修养，为巩固思政教育成果和有序推进思政教育工作提供人才支撑。一方面，党支部要组织多种形式的学习。比如，组织召开座谈会议、观看党员教育视频，学习最新方针政策，提升党员干部的综合素质。另一方面，要鼓励学生党员自觉参加各类培训教育，提升文化水平和能力素质。在红色文化融入宣传思想工作方面，要加大红色文化教育培训力度。教育培训工作的开展，需要得到政府和社会的广泛支持。相关人员要相互分享在工作中的成功经验和失败教训，从中吸收好的方面运用到实际工作中去，在工作中就可少走弯路，真正起到教育学生、引导学生的作用。

最后，要加强协调配合。宣传思想工作不是“独角戏”，而是“大合唱”，需要群策群力。只有发挥集体优势，工作的开展才能形成合力，最大限度地达到预期效果，形成良好效应，为促进高等院校文明，推动高等院校发展提供组织保障。

2. **在学生中成立相关的宣传队伍**

推动红色文化教育在广大高等院校走深走实、入脑入心，高等院校要从目标制订、实施进展、评价反馈等方面着手。高等院校承担着打通与学生”鱼水关系”的关键环节，高等院校宣传思想工作做好了，整个社会的宣传思想工作就做好了一大半。因此，加强宣传高等院校伍建设是关键。首先，高等院校领导干部应当带头学习、宣传红色文化，深入了解红色文化内涵和价值，探索红色文化学习宣传的有效路径，做红色文化学习宣传的第一人。其次，宣传文化职能部门人员配备上的完善是重点。要吸引优秀大学生和社会有志人士加入队伍，明确其红色文化教育职能、教育目标和需要达到的教育效果，将责任落实到个人。最后，工作经费是保障。足够的经费是保障宣传工作开展和提高宣传工作人员积极性、主动性的必要条件。当前，高等院校普遍存在对宣传思想工作软硬件设施经费投入不足的现象，严重影响了宣传工作开展的积极性。所以，高等院校要不断加大经费投入，拓宽融资渠道，最大限度地完善财政投入制度，把对宣传思想工作的经费投入上升到硬性规定，解决宣传干部的后顾之忧。

3. **灵活采用宣传方式**

红色文化的宣传方式直接关系到其在高等院校宣传思想工作中作用的发挥，采取“红色文化+”的宣传方式，与高等院校文化、社会主义核心价值观和互联网相结合，是增进红色文化吸引力和感染力的有效途径。

（1）红色文化+高等院校文化

红色文化宣传要始终坚持正确导向，要不断创新方式和手段，同时不能脱离高等院校的实际情况，要与高等院校自身文化相结合，与高等院校的现实环境和学生群体的学习、生活相结合。学生文化是涵育思政教育的内在基因。在挖掘高等院校文化资源的同时，融入红色文化教育，开展学生群众广泛参与的群众性文化活动，用讲好红色故事、传播红色好声音的方式，提升红色文化影响力，助力文明高等院校。

（2）红色文化+互联网

互联网具有方便快捷、内容丰富等特性，在红色文化宣传中有重要作用。将互联网的优势与红色文化宣传二者相结合，用科技手段探寻红色基因，进一步拓展红色文化的广度和深度，增强红色文化传播的趣味性和吸引力，是红色文化融入高等院校传思想工作的有效途径。

互联网的快速发展，对学生主体的思想观念、生活方式和价值取向产生了深刻的影响。随着智能手机、平板电脑等技术的普及和广泛运用，高等院校学生也被不知不觉地赋予了更加丰富的表达形式。在高等院校宣传思想工作中，利用互联网上的主流媒体平台开设红色文化学习宣传的专栏，以视频、音频、图片、文字等形式推送有感染力、吸引力的红色资源，打造红色文化网上宣传教育阵地。同时，建立微平台，利用 QQ 群、微信群和微信公众号，打通服务群众的“最后一公里”。通过微平台把红色文化宣传与群众紧密联系在一起，有内容马上推送、有需求马上回应、有问题马上解决，提升红色文化宣传的温暖度。

红色文化网络宣传要把握好时、度、效。红色文化宣传水平的提高，关键是要充分发挥互联网在正面宣传上的优势。新的时代背景下，要把握好时、度、效，用心用情，增强吸引力和感染力，让群众爱听爱看、产生共鸣。互联网是一个信息聚集的大平台，无数网络用户在互联网上获取自身需要的各种信息、交流沟通。这种便利的生活和工作方式使他们在信念信仰、思维方式、价值理念上对我们党、国家、社会产生重要影响。因此，充分发挥红色文化教育人、感化人、引导人、与互联网实时便捷快速的特点，结合高等院校学生群体特点和学习生活实际，在合适的时间推出接地气的红色文化内容，凝聚高等院校学生群体爱党爱国的共识，激励高等院校学生群体自立自强，创造幸福生活建设美丽中国的动力。同时，推进互联网与电视广播报纸等其他媒体的融合发展，汇聚主流媒体强大的传播力、影响力和公信力，掌握宣传舆论在互联网空间上的主动权和主导权。

二、影视资源的运用

需要认识到，为了增强思想政治教育的趣味性、灵活性，应该充分利用好一些影视资源。这是因为当前的大学生获取信息的渠道之一就是影视资源，况且他们也非常喜欢影视资源。因此，本书探究高等院校思想政治教育中影视资源的运用途径是十分有意义的。在此，主要以主旋律影视资源为例来论述影视的运用。

（一）相关概述

1. 相关概念和研究情况

当今世界形势错综复杂，世界各国在思想文化层面相互影响，在意识形态领域的博弈依然复杂。我国面临的挑战也多种多样，巩固我国主流意识形态，防止错误价值观的入侵就显得尤为重要。

有了文化自信，国家、民族才能快速平稳地向前发展。高等院校是学生形成良好品格，坚定理想信念的重要场所。因此，高等院校思想政治教育工作要因事而化、因时而进、因势而新，不断丰富思想政治教育方法，加强对大学生的思想引导。主旋律影视资源是宣传主流意识形态的有力武器，它既是文艺作品，又是党和国家形象的宣传工具，反映着我国主流意识形态和社会主义核心价值观。主旋律影视资源可以最直观的体现我国主流意识形态，向世界展示我国优秀文化的精神内核，展示中华文化的力量，可以有效帮助青年一代坚定意志品质，树立高度的文化自信。在高等院校思想政治教育中，充分发挥主旋律影视资源功能，有助于激发大学生爱国情怀，增强理想信念，丰富精神世界，巩固主流价值观念，为祖国的发展储备优秀的人才资源，推动新时代大学生实现全面发展。既然主旋律影视资源为我们展示了中国特色社会主义文化的广阔发展前景，为增强民族自信心、发展我国文化事业凝魂聚气。高等院校可以利用主旋律影视资源激发学生的爱国情怀，对大学生及时进行思想引导，使我们在强起来的道路上凝心聚力，形成强大的民族合力，推动我国社会主义文化强国建设。

影视资源是一门视听结合的综合艺术，经过一个多世纪的发展，影视资源已经具有广泛的群众性，逐渐成为人们日常娱乐放松的重要方式。主旋律与电影的结合，对我国社会发展尤其对人们的思想产生了重大影响。20 世纪 80 年代，各类社会思潮迅速涌入我国，娱乐片中充斥着低俗、暴力等因素，人们似乎已经将电影的宣传功能抛之脑后，忽略了本应该在电影中指引方向的意识形态功能的发挥。“主旋律影视资源”的概念因此提出。

作者以“主旋律影视”为检索关键词，以“图书”为检索查看的指定类型进行检索，仅得到一本相关方面的著作，即闫玉清所著的《影像的品格》①，以“主旋律影视资源”为检索关键词，以“图书”为检索查看的指定类型进行检索，得到三本相关方面的著作。除上述著作外，另外两本为彭涛所著的《坚守与兼容——主旋律影视资源研究》②，张莹所著的《新时期以来主旋律电影研究》③。目前，我国关于主旋律影视资源方面的研究成果大都以论文形式呈现，专著较少。

截至到 2020 年 12 月，围绕与“高等院校思想政治教育中主旋律影视资源功能发挥研究”相关的关键词在中国知网（CNKI）、万方数据库、维普数据库等网站进行检索，通过检索了解学术界目前关于思想政治教育和主旋律影视资源的研究现状和热点问题。从已经检索到的文献资料来看，关于高等院校思想政治教育中主旋律影视资源的功能发挥方面的研究还比较少，研究热点主要集中在主旋律影视资源在高等院校思想政治教育中的运用，总体来说，关于高等院校思想政治教育与主旋律影视资源功能发挥的研究论文、期刊较多，专著较少，研究主要集中在关于主旋律影视资源内涵界定方面的研究。主旋律源于音乐领域，是大众传媒的重要一类。关于如何定义主旋律影视资源，众多学者都做出了不同但是又存在诸多共识的表述。学术界对于主旋律影视资源的内涵有以下几种共识：首先，主旋律影视资源是承载着中国共产党的意志、国家意志的意识形态工程，代表了我国的主流意识形态；其次，爱国主义是主旋律影视资源的核心范畴之一，爱国主义是其应有之义，是主旋律影视资源的重要讲述内容，属于主旋律影视资源的核心范畴，主旋律影视资源创作的主要任务就是弘扬中华民族精神；最后，坚持全心全意为人民服务。

电影与社会主义核心价值观相结合也是很有研究价值的，其可以将坚持美育与德育相结合这一点落到实处。充分发挥主旋律影视资源作为媒介的优势，可以达到“润物无声”的理想效果，这对研究主旋律影视资源的思想政治教育功能提升具有很大帮助。有学者认为，主旋律影视资源能够反映主流价值观念，可以全面提高民众的综合文化素养，有助于稳定社会

---

① 闫玉清. 影像的品格［M］. 北京：东方出版社，2014 年 3 月.

② 彭涛. 坚守与兼容———主旋律影视资源研究［M］. 武汉：华中师范大学出版社，2013 年 7 月.

③ 张莹. 新时期以来主旋律电影研究［M］. 上海：上海三联书店，2017 年 12 月.

秩序，深入研究主旋律影视资源的宣传、拓展及丰富功能，有助于顺利开展思想政治教育工作。所以说，让主旋律影视资源进入大学思政课课堂是十分必要的。

国外没有“主旋律影视资源”的提法，但是根据主旋律影视资源的特点，只要是反映和传播本国价值观念，同时政治正确的电影都属于主旋律影视资源。世界上很多国家都非常重视影视作品在意识形态传播方面的作用，他们将自己的主流价值观完美的隐匿在本国的“主旋律作品”之中，创作大量能够代表自己国家主流价值观的影视作品，内容丰富，场景华丽，在传播国家意识形态的同时作品也广受好评。

西方资本主义国家有很多反映本民族重大历史时期、体现本民族精神的影片，比如《辛德勒的名单》《拯救大兵瑞恩》《窃听风暴》《敦刻尔克》等制作精良且具有教育意义的影片。这些影片表达了西方主流意识形态，也传播了西方主流意识形态，但与我国的集体主义相反，这些电影大多数属于个人英雄主义的展示。

将影视作品作为教学资源运用到课堂之中已经成为西方的一种普遍教学现象。对于运用影视作品传播自己的主流价值观这一做法是值得我国学习的。学习他国的成功经验、成功案例，将高等院校思想政治教育中主旋律影视资源功能发挥到最大化。杰米·A. 休斯（Jamie A·Hughes）的文章从美国社会的意识形态层面看待超级英雄，这些英雄都拥有极强的社会责任感和无所不能的力量，这与现实生活差异极大，脱去超级英雄的外衣，他们又成为普通人中的一员，这是很多人的梦想。观众渴望成为他们中的一员，意识形态才得以输出。虽然国外没有主旋律影视资源，以及思想政治教育功能的概念，相应的也没有这方面的研究，但是关于电影及意识形态成功输出方面的研究可以为本文提供一定参考。

2. 主旋律影视资源的分类

主旋律影视资源表现内容丰富，取材范围广泛，思想内涵深厚，可以根据主旋律影视资源的具体内容，将其分为以下几类。

第一类，重大革命历史题材影视资源。从清朝末年开始，中国进入了风雨飘摇的时代，从洋务运动到百日维新，从辛亥革命到五四运动，中国经历过太多次改革变法，尝试了太多次救亡图存，但无不以失败告终。实践证明，只有中国共产党才能救中国，只有中国共产党才能带领人民走上符合中国国情的康庄大道。沿着这条先辈们用血肉换来的道路，中国一路高歌猛进，开创了今天崭新的局面。在革命、建设、改革的过程中，有很多可歌可泣的人、事令我们敬重，值得我们学习。重大革命历史题材作品主要以当时的重大事件或优秀人物为蓝本进行创作，通过对人物或事件写实性的描述，向观众再现中国共产党的奋斗历程，使观众珍惜当下，缅怀先辈，牢记党的光辉岁月，不负前辈期许，建设社会主义强国。“建国”三部曲《建国大业》（图 4–13）、《建党伟业》《建军大业》《决胜时刻》《我和我的祖国》（图 4–14）等影片为近几年这一类型的代表作品。

图 4–13　《建国大业》海报

图 4–14　《我和我的祖国》海报

第二类，弘扬中华民族精神的作品。古往今来，家国情怀、民族大义最能牵动中华儿女的心，对国、对家，中华儿女永远都持有最浪漫，同时也是最质朴的情怀。此类主旋律影视资源以家国大义、集体主义为出发点，抒发情怀，以质朴的情感赢得观众的共鸣。2017 年，《战狼 2》（图 4–

15）掀起了一股“战狼精神”狂潮，将人们的爱国精神推向了一个高峰。《流浪地球》更是以 56. 83 亿的票房好成绩占据 2017 年中国电影票房榜首，遥遥领先于同年上映的好莱坞大片。2019 年正月上映的电影《流浪地球》是体现中国人故土情怀的代表作，向观众展示了中华民族对故土的眷恋，充分表达了中国人民的集体主义精神。

图 4-15　《战狼 2》海报

第三类，歌颂英雄模范的影视资源。榜样的力量是无穷的，每一个时代都有值得歌颂，值得人们学习的英雄模范人物。主旋律影视资源将这些人物的典型事迹突出放大，进行适当的艺术加工，将其展现在大众面前，为人民塑造学习对象。观众会在观看过程中对比自身，发现问题，努力向上，向榜样学习。如在以”两弹一星”功勋人物为原型的电影《横空出世》（图 4-16）中，电影塑造了众多个性鲜明的人物形象，这些人是淡泊名利、为祖国的原子弹事业默默奉献终生的英雄。在恶劣的环境中，怀揣崇高理想的英雄在朝着共同的目标奋勇向前，书写人生最壮丽的篇章。《我和我的祖国》（相遇篇）也为我们展示了这些伟大的人的付出，这些前辈的光辉事迹，值得我们用一生学习。

图 4-16 《横空出世》海报

主旋律影视资源可以从多层次、多角度进行分类，根据具体内容可将其主要分为重大革命历史题材、弘扬中华民族精神题材，以及歌颂英雄模范题材三大类，这三大类基本涵盖了主旋律影视资源的内容，社会主义核心价值观深深嵌入主旋律影视资源之中，思想内涵深厚，是高等院校思想政治教育的重要教育载体。

3. **主旋律影视资源的特点**

主旋律影视资源在我国属于较为特殊的存在，自诞生之日起就担负起了维护主流意识形态的重要使命，具有政治性，历史性，社会性及工具性等特征。

首先，主旋律影视资源具有政治性。面对各种社会思潮的冲击，通过主旋律影视资源可以明确我国主流价值观念，巩固主流意识形态地位。主旋律影视资源坚持中国共产党领导，以弘扬社会主义核心价值观为核心内容，其中包含深刻的政治性，思想导向明显，具有强烈的政治色彩。

其次，主旋律影视资源具有历史性。时代向前发展，时代精神不断进步，时代主题也在随着世界形势的变化而变化。每一历史阶段都有其特有的精神实质，具有推动着中华儿女奋勇向前的精神力量。主旋律影视资源随着时代在发展，立足当代，着眼未来。

再次，主旋律影视资源具有社会性。主旋律影视资源的政治性和历史性决定了其社会价值。彰显社会主义核心价值观，推动中国文艺事业发展是主旋律影视资源的重要任务。同时，主旋律影视资源也在增强审美价值，以及丰富创作技巧，弥补内容不足，创造了更大的社会效益，突出了主旋律影视资源的社会性。

最后，主旋律影视资源具有工具性。电影本身就是一种传播媒介，主旋律影视资源自诞生以来，就被视为重要的宣传媒介和传播方式，将主流意识形态、核心价值观、人性的真善美等进行艺术加工后，通过主旋律影视资源这一传播媒介向人民大众传播，使观众在为之感动的同时，向电影中的榜样人物、优秀事迹学习，所以说其具有明显的工具性。

（二）主旋律影视资源与思政的联系与价值

1. 两者的联系

主旋律影视资源需要一定思想理论来支撑起整部作品的厚度，思想政治教育的内容可以成为主旋律影视资源的理论支撑，从而进一步提升主旋律影视资源的思想内涵。

（1）主旋律影视资源是重要载体

主旋律影视资源从属于传媒载体，是传媒载体的重要组成部分。而高等院校是意识形态教育的前沿阵地，能够宣传党和政府的大政方针，弘扬社会主义核心价值观念，为国家培养高素质的人才。主旋律影视资源具有鲜明的政治立场，是我们党的“文艺法宝”，与其他类型的影视资源相比，主旋律影视资源所反映的内容更加明确，指向性更加明显，在巩固社会意识形态、促进社会和谐发展方面具有重大作用。主旋律影视资源兼具教育性与观赏性，在潜移默化中对学生进行教育，将核心价值观以大众化的形式展现在学生面前，高等院校思想政治教育运用主旋律影视资源，能够丰富思想政治教育资源，帮助学生深入学习理论知识，进一步提升大学生的综合素质。同时，主旋律影视资源的内容非常丰富，是思想政治教育载体。

（2）两者的教育对象高度契合

高等院校落实立德树人根本任务，帮助当代大学生树立崇高理想，加强大学生对民族文化的高度自信，培育大学生的社会责任感，以及对社会主义事业的强烈认同感。目前，中国影视资源市场的主要受众群体是大学生。相较于其他职业的从业者而言，大学生对影视资源的喜爱程度更高。

主旋律影视资源近些年发展势头迅猛，在社会上引起较大反响的同时，也在大学生的生活中占据一席之地。比如从《湄公河行动》到《红海行动》，每一部都深受大学生喜爱。

主旋律影视资源更能被学生所接受。主旋律影视资源没有华丽的布景，精美的特效，而是直观形象的展现生活过程，内容贴近史实，激发观众通感。主旋律影视资源尊重生活，忠于艺术，将民族精神融入电影之中。

(3) 教育目标方向的一致

观看主旋律影视资源的过程就是学习主流价值观念的过程。主旋律影视资源是传播主流意识形态的载体，主旋律影视资源从诞生之初，就默认具有鲜明的政治导向性，而主旋律影视资源最直接的目标也逐渐形成，

主旋律影视资源与高等院校思想政治教育的根本目标具有高度的一致性。主旋律影视资源的最终目标是弘扬主流意识形态，宣传社会主义核心价值观念，帮助人们树立对于世界、国家的正确看法，增强民众对于社会的认可、对于民族的认同、对于国家的依赖，推动社会主义事业继续向前发展。

2. 影视资源的价值

主旋律影视资源用生动的教育方式熏陶、感染学生，包含了非常丰富且优秀的教育内容，对促进主流文化传播具有非常重要的理论价值。主旋律影视资源代表国家意志，是我国精神文明建设的重要载体，主旋律影视资源的发展也需要一定的理论支撑。在一定程度上，深层次挖掘主旋律影视资源内涵，加深主旋律影视资源时代价值。具体来说，主旋律影视资源的教育意义体现在以下方面。

(1) 对于学生的意义

第一，提高学生对于思想政治理论课的兴趣。高等院校思想政治理论课可以系统地向学生讲授思想政治理论知识，使学生形成完整的理论体系。同时，高等院校会利用学生感兴趣的内容丰富思想政治教育，主旋律影视资源就是其中一种。利用主旋律影视资源辅助思想政治教育建设，可以更快实现高等院校立德树人的根本任务。

第二，有利于促进学生全面发展。主旋律影视资源作为目前优秀的思想政治教育载体，不断推进党的建设和文化建设。大学生观看主旋律影视

资源，在提升文艺素养的同时，还能学习影视资源中的精神、事迹，向榜样人物看齐。时代的发展需要榜样人物的引领，主旋律影视资源中的人物通过言传身教，身体力行的感染人民大众，引领人们向着美好不断迈进。

第三，有利于学生形成正确的政治导向。导向功能是指在多种价值取向中，引导社会、群体或者个人追求其中某一种价值取向的功能。政治导向功能则是教育者根据国家的主流意识形态，对社会、群体或者个人进行政治引导，确保各方目标方向一致，从而为实现共同目标努力奋斗。大学阶段是青年学生塑造三观的关键时期，在这一时期对大学生进行正向引导尤为重要。高等院校思想政治教育能够对学生进行正向引导，帮助学生免受其他思想的侵扰。作为载体，主旋律影视资源能在叙事的同时，表达正确的政治立场，传导正确的政治信息，有效帮助高等院校思想政治教育切实高效地开展。同时主旋律影视资源承载着中国共产党的意志、国家意志，从其产生之初，就带有明确的政治性。我国主旋律影视资源是对社会主义核心价值体系的影像化解读、影像化渗透及影像化传播，是对社会主义核心价值观做出的大众化地解释。主旋律影视资源在宣传国家的大政方针、纠正错误思想、传递社会主义核心价值观念、明确我国意识形态方面，有着重大作用，有利于端正大学生的政治立场，促使其树立政治信念，从而将其转化为个人的行动信念，帮助大学生在各种信息冲击的情况下保持清醒的头脑。因此，树立正确政治方向是主旋律影视资源最基本也是最核心的功能。比如，电影《战狼2》向我们展示了中国人的优秀品格，向我们展示了作为中国人以保护人民为己任的担当，表明中国人民解放军是为人民服务的军队。“建国”三部曲以恢宏的气势和逼真的场景再现了中国建党、建军、建国的过程，展现了中国共产党的伟大奋斗精神。主旋律影视资源的精彩演绎，加深了大学生对于我国革命、建设和改革的认识，同时也突显出社会主义国家的根本优势，加深了大学生对于国家的依赖和信任，坚定了大学生跟党走的决心。

第四，引领价值取向。影视资源在引领价值取向上有着得天独厚的优势。主旋律影视资源能够积极传播主流价值观念。看电影已经成为大部分学生的日常娱乐方式，在观看电影之前，大家都会或多或少地做功课，在多部电影中挑选喜欢的电影观看。对于自己喜欢的电影，观众会更加用心去观看。在观影过程中“真善美”会如春风化雨般影响观众，观众也会将接收的内容与已有内容进行对照，从而做出进一步的判断，巩固自身价值观念的同时，保留正确的思想观念并将其转化为自身知识或外在行为。大学生在观赏主旋律影视资源时，可以根据主旋律影视资源的价值导向，对真善美做出正确的判断。在这一过程中，主旋律影视资源旗帜鲜明的引领价值取向，实现价值转化。

（2）对于中国共产党的意义

主旋律影视资源《我和我的祖国》讲述了从开国大典前夜到抗战胜利70周年阅兵这一历史阶段，中国从“站起来”到“富起来”、再到“强起来”的艰辛历程。在这过程中，我们无论如何艰辛，都毫不动摇的坚持马克思主义，坚持走社会主义道路，在中国共产党的领导下，创造了一个又一个“奇迹”。再比如《横空出世》、“建国”三部曲、《集结号》等，将我国发展过程中所经历的艰难困苦，淋漓尽致地展现在我们眼前，先辈们面对挫折永不言败的精神时刻影响着观众，向观众讲述着中国共产党不容易。大学生观看这些影片，能够认识到前辈们的艰辛，明确我国目前取得的成绩弥足珍贵，在珍惜当前来之不易美好生活的同时，主旋律影视资源也激励大学生继续奋勇向前，坚定了大学生共产主义信仰，巩固和夯实了中国共产党领导的核心地位。

（3）文化传播的价值意义

作为重要载体，主旋律影视资源也发挥着文化传播的重要功能。使学生在欣赏主旋律影视资源的同时深入了解中国文化，从而凝聚大学生民族精神，增强文化自信。

第一，凝聚民族精神。中国优秀传统精神一直未变，至今也值得我们学习、传承，是中华民族的内在精神动力。世界上很多国家都非常重视通过大众传媒方式来传播本民族精神和主流价值观念，促使观众在潜移默化中受其思想的影响。最为典型的就是好莱坞大片，好莱坞电影大多是以反对二战、反抗外星人、与传染病斗争及世界末日为主要题材的，如《阿甘正传》、《拯救大兵瑞恩》、漫威系列、“生化危机”系列、《2012》等，无不彰显着美国的综合国力和军事力量，歌颂着美国式英雄，以及价值体系。这类电影受众范围非常广泛，在全世界产生了巨大影响。借鉴国外成功经验，通过主旋律影视资源展现中华民族精神，可有效提升中国形象，凝聚民族精神，占领思想阵地，维护我国意识形态安全。主旋律影视资源对我国革命、建设、改革过程中感动人心的人、事、物进行生动描绘，强化了人民对于特定历史时期的记忆。在观看主旋律影视资源过程中，无数感人且经典的场景通过艺术化的表达展现在观众面前，通过触动心灵的场景提高精神感染力，如《夺冠》以时间为轴，讲述了中国女排自 1981 年首次夺得世界冠军到 2016 年里约奥运会再次赢得奥运冠军的艰难前进过程，为观众展示了几代女排人无论经历怎样的挫折，都不屈不挠、不断拼搏的传奇经历，生动的刻画出了“中国女排精神”。这类展现中华民族伟大精神的电影数不胜数，如体现”两弹一星”精神的电影《横空出世》，体现雷锋精神的电影《离开雷锋的日子》，体现焦裕禄精神的电影《焦裕禄》等都展现了中国人民的精神面貌，使观众在观看电影时增强对于民族、对于国家的认同感，能够接收到电影所传达的重要精神力量。将主旋律影视资源运用于高等院校思想政治教育之中，加强高等院校学生的民族归属感，进而凝聚民族精神。

第二，有利于培养大学生文化自信。当今世界信息流动迅速、内容丰富，大学生获取的信息复杂多样，参差不齐的资源会对大学生产生诸多影响。在这种情况下对大学生进行思想政治教育，有助于提高大学生的文化自信，巩固大学生民族信仰。在中华民族五千年的历史积淀中，蕴藏着丰富的优秀资源，从这些优秀资源中汲取养分，以主旋律影视资源的方式呈现在大学生眼前，向大学生展示民族经过岁月洗礼、大浪淘沙后的光彩，有利于培养大学生的文化自信，促进中国特色社会主义文化建设。青年学生绝不可对本民族的文化嗤之以鼻，不可认为只有西方的才是最好的，只有外国的才是走在时代前沿的，绝不可“唯洋是从”。事实上，西方的电影创作者也到中国来寻找创作素材，如梦工厂的系列动画电影《功夫熊猫》以我国国宝大熊猫为主角，迪士尼的动画电影《花木兰》取材于我国传统文化，《功夫梦》则是以西方价值观念表现中国功夫。学习国外成功经验，创作出增强中国人骨气和底气的优秀影片，可以坚定我国文化立场，传承文化基因，展现文明大国风范，从而增强大学生文化自信。

第三，加强精神指引。主旋律电影是国家态度、政府观点的委婉表达，高等院校运用主旋律影视资源进行思想政治教育，可以将我国革命、建设、改革的故事通过艺术化的方法表现出来，补充大学生关于我国革命、建设和改革期间的重大历史事件的知识，加强对大学生的精神文化指引，抵御错误价值观的侵扰，坚定大学生的理想信念。比如1999年上映的电影《横空出世》，讲述了我国面临着苏联专家撤走、技术落后、物资极度匮乏的局面，在内无经验、外无支援的条件下，一大批优秀人才奔赴西北，在戈壁滩默默完成震惊世界壮举——我国第一枚原子弹成功爆炸的故事。这一电影向我们展示了从一无所有，到如今综合国力世界第二的发展历程，这其中包含着太多怀揣理想的优秀青年们的付出。主旋律影视资源《孔子》以细腻的表现手法再现了我国伟大思想家、教育家孔子的一生。主旋律影视资源作为社会主义文艺的重要形式之一，促使大学生在观看电影时会将自身带入其中，电影所展现的精神力量会给广大青年学生强有力地鼓舞。比如电影《战狼2》为我们展示了中国军人的优秀品格，让大家了解到我们的军队即使身在海外，也能在危急关头挺身而出。这部电影使众多大学生以冷锋为榜样，产生了参军入伍的想法，并且很快付诸行动，积极投身到参军报国的队伍之中。电影《流浪地球》通过科幻的表达方式向我们强调着保护生态的重要性，地球不需要人类，而人类需要地球。观影后观众会更加珍惜当今的环境，同时加大力度保护现在的生存环境，为绿色环境、为新鲜空气贡献自己的力量。

由此可见，主旋律影视资源能够向观看者传达积极向上的精神，高等院校大学生观看主旋律影视资源后更加努力学习科学知识，力所能及地为社会作贡献，努力将自己塑造成社会发展所需要的人，主旋律影视资源引领观看者做出正确价值选择，对观看者尤其对大学生的全面发展具有重大意义。

（三）主旋律影视资源运用的理论基础

研究高等院校思想政治教育中主旋律影视资源功能的发挥，必须将马克思主义相关理论作为支撑。以马克思文艺理论、习近平关于文艺工作的重要论述，以及思想政治教育载体理论为理论基础，分析主旋律影视资源功能，有利于高等院校思想政治教育理论深度的提升，丰富思想政治教育内涵，同时，增加主旋律影视资源厚度，提升思想政治教育丰富性。

1. 马克思主义文艺理论

首先，艺术起源于劳动。马克思所强调的劳动是抽象的，不是具体的，他认为人的历史不是现实存在的历史，而是精神存在的、意识活动的历史。他认为艺术生产必须要在物质生产的基础上进行。艺术的产生不仅需要人类对于自然界进行物质、机械的改造，还需要对于自然界有感性的认识，在对物质的改造过程中进行感知，这当然也需要通过劳动来实现。正是因为人的感受力逐渐发展，人才能够透过现象看到本质，才能彼此交流思想，表达情感，从而促进艺术的产生。马克思表示，艺术是意识形态的形式的一种。艺术既是实践活动，又是一种精神活动，同时要反映真实的社会生活，表达出对于这种生活的真实感受，所描绘的情感越动人，就越有意义，有价值。文艺所表现的内容一定有自己所属的立场，呈现出意识形态的性质，从而发挥出文艺在社会变革过程中的推动作用。主旋律影视资源代表了中国共产党的立场，在宣传主流意识形态和社会主义核心价值观方面具有重要作用，要重视主旋律影视资源的立场与观点，时刻为社会主义文化建设服务。

艺术传递出创作者内心深处最深层的情绪，最终得到情感的共鸣，传递情感。由此可见，艺术形象中不仅蕴含了客观世界的特征，其中还包含着创作者的主观看法，不仅包含着对于世界的认识，还包含着对于自身的认识，创作者通过精准的情感传递，进而达到通过艺术展现世界的目的。

此外，马克思、恩格斯确立文艺为人民的价值立场。马克思、恩格斯很早就意识到文艺作品对人民的影响，着重指出了人民群众的重要历史地位。人民对于文艺作品是否满意是判断作品合格与否的唯一标准，人民性是贯穿马克思主义文艺理论的重要特性。在进行文艺创作过程中，一定要创作人民喜爱、对人民发展有益的文艺作品，要创作人民看得懂、读得通的文艺作品，文艺创作者不可“无病呻吟”，而是要创作满足人民精神需要的作品。

2. 思想政治教育载体理论

将传媒载体、网络载体运用到教学过程中，可以逐步形成开放、包容、民主的教育价值观，更加有助于受教育者的全面发展。主旋律影视资源作为传媒载体的一种，大大增强了思想政治教育的趣味性，以主旋律影视资源作为教育载体，能在很大程度上使思想政治教育的成效更加显著。

列宁同志强调“要设置浸透着共产主义思想”的电影。主旋律影视资源作为宣传国家方针政策，承载主流意识形态的文艺作品，担负着弘扬社会主义核心价值观念，以及宣传中华民族精神的重任，在推动中国特色社会主义文化事业发展的过程中能够起到强大的助推作用。在高等院校思想政治教育过程中，积极促进主旋律影视资源功能发挥，有利于激发大学生精神力量，为大学生提供丰富的精神食粮，展示文化魅力，推动高等院校思想政治教育有效开展。

（四）主旋律影视资源的运用现状

随着信息技术的发展，目前高等院校已经广泛应用新媒体技术，将主旋律影视资源融入思想政治教育的趋势也越来越明显。在这种背景下，能够高效利用主旋律影视资源是十分必要的

1. 与大学生的联系日益紧密

主旋律影视资源能够对学生产生潜移默化的意识形态方面的影响，已经逐渐深入大学生的日常生活，学生对于主旋律影视资源的认同度也逐渐上升。

首先，主旋律影视资源逐渐深入高等院校学生的日常生活。目前高等院校学生大多是“95 后”“00 后”，处于这一年龄段的青年学生也逐渐成为观影的主力军。主旋律影视资源作为近些年大热的电影类型，在不断向前发展，正在凭借自身优势融入当代大学生的生活。可见电影已经逐渐成为大学生的日常娱乐活动。因此，高等院校思想政治教育工作中充分发挥主旋律影视资源功能，促使主旋律影视资源融入青年学生的日常生活之中，向大学生传递社会主义核心价值观念，坚定大学生理想信念和爱国主义精神，有利于学生全面发展。

2. 学生的认同度逐步提高

高校学生是未来社会发展的主力军，引导大学生树立正确的“三观”，培育思想道德素质关乎国家的兴衰、安定。主旋律影视资源作为一种特殊的教育资源，相较于其他教育资源来说，有着先天的优势，其强大的感染力能够润物无声的帮助青年在校大学生成长、成才。根据《2019 年中国电影市场调查报告》显示，19 至 24 岁的观影者占 2019 年观影总人数的 29%，较 2018 年有大幅上涨，国庆期间的观影热情更加高涨。根据“灯塔”调查数据显示，符合高等院校学生年龄段的观众对于主旋律影视资源的关注度正连年攀升。2019 年年轻人对于《我和我的祖国》的关注度在历年主旋律影视资源中占比最高。说明年轻人对于高质量的主旋律影视资源

的认同度逐渐升高，主旋律影视资源对于年轻人的影响程度同样也在加强。

“北京大学生电影节”作为国内权威的大学生电影奖项，其获奖作品均由大学生投票选出，是判断大学生价值取向的重要依据。从获奖情况中可以看到，除《Hello，树先生》《狗十三》和《罗曼蒂克消亡史》外，其余7部作品均为主旋律影片。

大学生观看主旋律影视资源时，情绪会随着故事情节起伏，思想也会受到主旋律影视资源影响。主旋律影视资源的政治导向功能、文化传播功能，以及个体培育功能可以有效帮助到高等院校大学生，使大学生对主旋律影视资源产生浓厚兴趣，进而提升思想政治教育学习效果，提高学生整体素质。高等院校以主旋律影视资源为媒介可以提高思想政治教育效率。同时，近些年主旋律影视资源制作质量逐步提高，能够基本满足大学生的观影需求，更好地达到寓教于乐的目的。当代大学生对主旋律影视资源的热情近年来也持续走高，如《我和我的家乡》《夺冠》《金刚川》等主旋律影视资源是大学生热议的话题，大学生对于主旋律影视资源的关注度正逐步上升。

3. 主旋律影视资源的融入不充分

总体上看，大学生观看主旋律影视资源是日常娱乐活动，思想政治理论课着重于理论讲授，课堂上涉及主旋律影视资源内容不多，从目前情况来看，主旋律影视资源与高等院校思想政治理论课是相对孤立的两个部分，二者融合还不够充分。

从内容上看，主旋律影视资源是一个宝库，包含的内容非常丰富，从传统文化到现代国家发展，从峥嵘岁月到如今大国外交，这些内容与高等院校思想政治理论内容高度契合。但是目前，思想政治理论课没有发挥出主旋律影视资源的载体作用，教师只是利用主旋律影视资源进行课程导入，并没有深入挖掘主旋律影视资源内容与思想政治教育内容的契合点，双方在内容上没有进行融合，还是相对独立的。

在形式上，高等院校思想政治理论课对于主旋律影视资源的运用方法和形式不够创新，比较单一。在思想政治理论课堂上，对于主旋律影视资源的运用以教师播放、学生观看为主，教师很少会在故事背景、创作背景、电影内容，以及电影所传达的精神层面对主旋律影视资源进行深度的解读，单一的运用形式很难将主旋律影视资源的功能发挥到最大。

在融合效果上看，主旋律影视资源与思想政治理论课在内容和形式上联系得不紧密，导致学生对于主旋律影视资源只是简单的了解，很难在大学生的精神及思想层面发挥作用，会影响大学生对于主旋律影视资源的热情，也在一定程度上抑制了思想政治教育理论课的效果。

4. 主旋律影视资源的作用还不突出

目前主旋律影视资源在“思政育人”的架构中发挥的作用还不够突出，主要表现在以下几个方面。

首先，利用主旋律影视资源推动校园文化建设，可以为学生营造良好的学习氛围，但是目前主旋律影视资源在校园文化建设中的运用还比较少，在校园中很少见到与主旋律影视资源相关的思想政治教育元素，在校园广播、学校公众号等学校官方媒体也很少体现，可见高等院校对于利用主旋律影视资源进行校园文化建设还不够重视，这不利于思想政治教育功能的发挥。

其次，主旋律影视资源在全员育人中的作用同样没有突出出来。相对于其他教师来说，辅导员对学生的思想变化了解得最深入也最及时，因此辅导员老师要对学生的价值观方向的问题及时做出指导，帮助大学生完成思想转化。在这一过程中，主旋律影视资源可以发挥重大作用，但是就目前来看，辅导员很少会用到主旋律影视资源，可见，主旋律影视资源在“思政育人”架构中的运用还很少，作用还不突出。

5. 部分教师的引领不足

部分高等院校思想政治理论课教师会放映与课程相关的主旋律影视资源，但运用主旋律影视资源的形式较为单一，对主旋律影视资源的讲解比较浅显，不能提升大学生对于主旋律影视资源在思想政治教育中重要性的认识。课后教师与学生交流讨论较少，对于学生观影后的思想变化掌握不及时，不能根据学生的思想变化安排接下来的课程，不利于课程的发展。

部分教师对主旋律影视资源的运用方式有待丰富。主旋律电影内容丰富，主旋律影视资源内容丰富，涵盖范围非常广泛，但是目前主旋律影视资源在高等院校思想政治理论课堂上的运用形式较为单一，部分高等院校教师很少有目的、有计划的运用主旋律影视资源中的革命精神、民族精神，以及先进劳模精神等社会主义先进精神对学生进行教育，同时对于主旋律影视资源的运用很少与实践教学相结合，绝大部分是停留在课堂上，在一定程度上影响了学生对于先进事迹、先进文化的实地探寻，没能帮助学生完成理论与实际的结合。其实高等院校教师可以以主旋律影视资源为切入点，利用主旋律影视资源的内容进行实践教学，提升学生的动手实践能力，如到博物馆、纪念馆等地担任讲解员、志愿者等。但是目前，高等院校教师对于主旋律影视资源的运用很少涉及实践层面，不利于实践教学的开展。

此外，部分教师忽视了在运用主旋律影视资源之前对学生进行相应的观影指导，学生不清楚观影要点在何处；在运用主旋律影视资源进行教学之后缺乏与学生的沟通或与学生沟通不及时，导致教师对于学生的思想变化掌握不完全，不能及时发挥教师对学生的引导作用。

另外多元文化的冲击，加上大学生的辨别能力不够成熟，会促使一些充斥着糟粕思想的影视作品侵蚀大学生的思想，不利于大学生主流价值观的培养。在这一环节教师参与较少，会使糟粕文化有可乘之机进入校园，侵蚀学生思想。

6. 高等院校缺少完整机制

高等院校缺少发挥主旋律影视资源功能的完整机制，存在教师引导不足、对学生影响不明显等问题。高等院校在运用主旋律影视资源缺乏机制保障，导致主旋律影视资源与思想政治理论课融合不够，不能充分发挥主旋律影视资源功能。

同时，部分高等院校的重视程度有待提高。高等院校是进行思想政治教育的重要平台，但是一些高等院校缺乏对于主旋律影视资源内涵的深度挖掘，从而在一定程度上弱化了主旋律影视资源功能在思想政治教育中的发挥效果。虽然部分高等院校已经开始注重对于主旋律影视资源的运用，逐渐在思想政治工作中融入主旋律影视资源的内容，但是在运用形式上依然是电影放映与理论灌输相分离，缺少对于主旋律影视资源的深度探究，忽视了主旋律影视资源内容与思想政治教育内容的融合问题，没有充分发挥出主旋律影视资源的功能。

此外，高等院校需要制订相应的原则，目前高等院校没有形成一套完备的机制和运行方法，使得在运用主旋律影视资源的过程中，运行方式单一，难以发挥学生的自觉性。同时，部分高等院校不重视对公共设施的使用，硬件设施较为老旧，校园文化展板更新不及时，高等院校礼堂、电影院闲置时间较长，不能充分发挥其作用，造成资源浪费。可见，高等院校缺少相应的机制，缺乏对主旋律影视资源的深度挖掘，公共设施运用不充分。

7. 主旋律影视资源精品少

近几年，“主旋律”也逐渐成为口碑与票房双重保障的代名词。有一段时间中国电影票房前十中，主旋律影视资源独占六席。尽管主旋律影视资源发展势头良好，但是振奋人心的作品却很少，主旋律影视资源质量参差不齐，虽然基数大，但是精品少。习近平总书记在 2014 年 10 月的文艺工作座谈会上还指出，当前文艺最突出的问题就是浮躁。电影作为文艺的重要组成部分，也同样呈现浮躁的风气，受功利主义影响，大家很少专心打磨作品，这导致国内电影质量迟迟上不去。

当代高等院校大学生处于我国经济稳步增长的环境中，随着接触事物的增多，物质需要的逐步满足，大学生的精神需要也在逐渐攀升。在国内市场无法满足大学生需求的条件下，大学生逐渐将目光投向国外影视作品。目前，我国主旋律影视资源基数大但是精品少，因此，要提升主旋律影视资源的吸引力和感召力，为自身吸引更多的支持者，为主旋律影视资源增加艺术性与观赏性，提升主旋律影视资源精品数量。

8. 多元文化影响主旋律影视资源的地位

文艺是意识形态的体现，在世界各国，电影是传播主流意识形态的媒介。以美国电影为例，好莱坞大片凭借绚丽的特效、吸引人的剧情在世界电影市场中占据重要地位，使全世界观众在观看电影时能够受到其潜移默化的影响。当今社会信息流动迅速，在互联网上可以快速获得世界范围内的影视资源。大学生可以与国外观众同时观看影视作品，不会受到地域限制。

“思政育人”架构中需要高质量的主旋律影视资源，但是受功利主义影响，主旋律影视资源虽然在数量上有一定优势，但是精品较少，加上多元文化的冲击，降低了大学生对于主旋律影视资源的兴趣，最终影响”思政育人”架构中主旋律影视资源功能的地位。

（五）高等院校思想政治教育中影视资源融入途径

1. 发挥教师对主旋律影视资源功能发挥的引领作用

学生接触的东西纷繁复杂，市面上影视作品良莠不齐，教师只有不断提升自己在影视文化方面的知识，找寻主旋律影视资源深层次的精神内涵，才能在众多影视作品中挑选出适合大学生观看的、优秀的、符合思想政治教育内容的主旋律影视资源。

首先，教师要加强对学生思想的引领作用，认识到主旋律影视资源可以在内容上对思想政治理论课进行补充。在课前，教师要对学生思想进行全面的了解，在选取与课程相对应的主旋律影视资源时要充分考虑到学生的思想倾向及喜好；课堂上，创新运用主旋律影视资源的形式，将高质量同时又受大学生欢迎的主旋律影视资源运用于思想政治理论课。

其次，要在实践教学中发挥实践引领作用，加深学生对理论的理解和学习深度。教师在实践教学中发挥实践引领作用，有利于加深思想政治教育对学生的影响。高等院校与示范教育基地深度合作的目的就是帮助大学生在实践中运用知识，主旋律影视资源中所蕴含的内容对于大学生形成理想信念、爱国主义情怀具有重要作用，教师带领学生在教育示范基地进行实践学习，有助于帮助大学生将理论的内容变为现实。大学生在教师的带领下，担任实践教育基地的志愿者、实习生、讲解员，可以更加深入的学习主旋律影视资源的内涵，将理论转化为实践，增强大学生对于正能量、主旋律的热爱程度。比如教师可以引导学生到电影场馆，场馆内设有相应的体验区，学生可以在其中更加深入地领会到中国革命、建设和改革所取得的成就来之不易。

2. 提高辅导员队伍对主旋律影视资源的运用能力

首先，辅导员要定期组织班会、安全教育会等学生会议，定期对学生的思想状况进行了解。据此，向学生推荐优秀的主旋律影片，帮助学生树立学习榜样。也可以在班会期间组织大家共同观看主旋律影片，观看后组织同学进行集体讨论，探讨主旋律影视资源中蕴含的精神思想，学习电影中人物的美好品格。其次，将优秀作品上传到短视频平台供大家讨论、学习。引导学生加深正能量事物的理解，助力主旋律影视资源功能发挥。

3. 完善高等院校思想政治教育中的相关机制

高等院校形成完整的发挥主旋律影视资源功能的机制，有助于推动高等院校思想政治教育与主旋律影视资源深度融合。制订主旋律影视资源运行机制，以我国主流意识形态为思想保障，明确主旋律影视资源运行策略；制订激励机制，对学生进行精神激励和物质激励，鼓励教师创新教育教学方法；制订评价机制，注重师生双方评价。

第一，在运行机制方面，首先要明确思想保障。以主流意识形态为思想保障，以主旋律影视资源为载体，能够促进大学生健康发展。其次要明确主旋律影视资源运行策略。高等院校制订一套完整的运行机制，其中包含但不限于主旋律影视资源的运用方式、教师引导方法、学生学习策略、主旋律影视资源课堂放映时间等一系列规定，形成完整的运行机制。

第二，在激励机制方面，首先，明确对于学生的激励机制。大学生的思想观念尚未成熟，对于主旋律影视资源的认识还不全面，因此，因此要以精神激励为主，如通过评选弘扬主旋律标兵来激励大学生；以物质激励为辅，对大学生进行一定的物质奖励，如奖学金，以此来提高大学生对主旋律影视资源的认可度。其次，激励教师创新教育方法。目前教师对于主旋律影视资源的运用方法比较单一，高等院校教师要创新教育教学方法，充分挖掘主旋律影视资源内涵。对于方法运用得当、形式创新、授课效果好的教师，高等院校可以在一定程度上进行激励，为其他教师树立榜样，推动教育方法多元化发展，更好发挥主旋律影视资源功能。

第三，在评价机制方面，制订评价机制要注意两方面内容。一方面，是受教育者即学生的评价，另一方面，是教育者即教师的评价，通过双方的评价内容完善运行机制。首先，学生评价教师。思想政治授课方法有没有效果，学生最有发言权，制订学生评价教师机制，有利于督促教师创新教育方式方法。学生可以通过校园网络对任课教师运用主旋律影视资源的方式方法进行相应评价，也可以评价主旋律影视资源内容。后台整理这些评价内容反馈给教师，并及时对其进行恰当引导，促进双方共同进步。其次，教师评价学生。高等院校教师可以按期对学生进行阶段性评价。教师要了解主旋律影视资源的运用效果好不好，可以定期对学生进行阶段性测验，将测试结果与学生的评价反馈相结合，找出优缺点，进而制订下一步教学计划。

4. 丰富学生组织对主旋律影视资源的运用方式

高等院校学生会可以定期举办主旋律影视资源讲座，邀请艺术学院的老师来讲授主旋律影视资源的创作故事。社团联合会可以开办主旋律影视资源节，举办主旋律影视资源展演，排练主旋律相关话剧，增强主旋律对于高等院校大学生的影响力。团委可以根据本学校的校园文化特色，创办主旋律影视资源特色刊物，连载主旋律影视资源背后的故事，学习名家对于主旋律影视资源精神的解读，扩大主旋律影响力，提升学生对于主旋律精神的学习兴趣。这有利于将主旋律更好地传递给大学生，加强高等院校思想政治教育建设。

5. 发挥爱国主义教育基地对主旋律影视资源功能的巩固作用

高等院校可以加大与各示范基地的联系，将主旋律影视资源内容融入教育示范基地。目前全国高等院校都有相应的爱国主义教育示范基地，在天津地区，盘山烈士陵园、平津战役纪念馆、周恩来邓颖超纪念馆、觉悟社纪念馆等场馆是天津多所高等院校的爱国主义教育基地，高等院校经常组织学生到此实践学习。在这一过程中，可以利用多媒体技术放映相应主旋律影片，与学生在课堂上所学知识相互呼应，加深了学生对于理论知识的理解，也巩固了主旋律影视资源在思想政治教育中的地位，推动了主旋律影视资源功能的发挥。

辅导员队伍、团学组织及爱国主义教育基地，发挥各主体力量，形成思想政治教育合力，利用自身优势有效推动主旋律影视资源融入“思政育人”架构中，推动“思政育人”在高等院校中健康发展。

6. 在网络教学中的精神引领作用

网络将人与人之间的距离迅速拉近，人们对于网络的依赖程度也日趋严重，互联网为我们提供了更加广阔的平台，也对我们的生活产生了深远影响。除了分享观点，当代大学生还利用网络获取各种学习资源，加上2020年这一特殊年份，网络已经成为学生获取外部知识的主要途径。

但是学生对于一些低俗信息还不能准确分辨，很有可能在无意中受到有害信息的侵蚀，因此，教师要提升网络平台正面导向作用，为学生提供健康、绿色的主旋律影视资源传播渠道。

7. 推动主旋律影视资源高质量发展

重视文艺作品，将文艺作品运用于高等院校思想政治教育中，有利于推动高等院校校园文化发展，促进大学生精神文明体系构建，以及文化强国建设。主旋律影视资源的创作一定要遵循一定的基本原则。

一是内容上坚持方向性与丰富性相统一。作为意识形态与价值观念的宣传工具，主旋律影视资源必须以社会主义核心价值观为主导，坚持主流意识形态不动摇。同时，面对纷繁复杂的环境及观众不同的喜好，主旋律影视资源要丰富自身，拓宽取材范围及影片类型，满足更多观众的审美需求。此外，由于主旋律影视资源的特殊性导致主旋律影视资源的类型有一定的限制，使得主旋律影视资源在形成初期内容程式化严重，人物形象僵化、片面化，主旋律影视资源要吸引和凝聚各阶层思想政治教育对象，满足不同年龄、不同地区、不同文化阶层观众的需要。主旋律影视资源经过几十年的发展，已经逐渐脱离了前期的程式化模式，正与其他形态的电影相互交融，相互渗透，将商业性融入其中，在方向性原则的基础上充实了题材内容，以更加灵活、新颖的呈现方式继续进行着意识形态实践。在高等院校思想政治教育中充分发挥主旋律影视资源功能，需要以方向性原则为基本保证，以丰富性原则进行方法创新。因此，主旋律电影在内容上要坚持方向性与丰富性相统一，双方共同努力。

二是形式上坚持教育性与观赏性相结合。主旋律影视资源的目的性在于对主流意识形态、国家价值观念进行大众化的呈现，有利于促进大众形成正确的价值认知与意识取向。同时，主旋律影视资源作为一种电影类型，作为大众艺术，具有艺术观赏性，可以凭借自身艺术作品的优势，最大限度地吸引受教育者，满足受教育者的兴趣需要。所以，主旋律影视资源一定要将教育性与观赏性相结合。

改革开放后，面对腐朽的意识形态的冲击，我们党和国家并没有让步，而是更加重视主流意识形态的教育。主旋律影视资源在诞生之初就担负着宣传国家意识形态、教育人民大众的使命，一直以来都备受党和国家的重视，虽然主旋律影视资源逐渐受到商业电影的影响，但是无论怎样发展，主旋律影视资源的教育性是一直存在的。需要注意到的是，主旋律影视资源不可一味专注教育性而丢掉其作为艺术作品应有的美感，要将主旋律影视资源的艺术观赏性贯穿主旋律影视资源始终，根据受教育者具体不同的情况，有区别地进行艺术创作，真正做到因事而化、因时而进、因势而新，利用主旋律影视资源所拥有的独特美感，将主旋律影视资源的教育性与观赏性有效融合在一起，对教育性进行艺术化的表达，利用主旋律影视资源有效扩大思想政治教育的影响。所以，主旋律影视资源的创作一定要在形式上坚持教育性与艺术性相融合，突出教育性，兼顾艺术性。

三是效果上坚持思想性与效益性相契合。主旋律影视资源一定要有丰富饱满的思想内涵，以此来提升自身深度与厚度，但是不能丢掉效益性，反之亦然。目前，主旋律影视资源与商业电影相结合是大势所趋，利用商业电影的票房号召力，能够更好地发挥主旋律影视资源的思想性。将思想性与效益性相结合，才能在高等院校思想政治教育中发挥出主旋律影视资源功能。

主旋律影视资源是弘扬主流价值观，宣传真善美的影片。所表现的内容一定是打动人心、震撼灵魂、引人深思的，如果所表现的内容浮于表面，没有直击灵魂的震撼，那么这部电影就是有缺憾的，是缺少思想性的影片。主旋律影视资源应与商业电影在一定程度上进行融合，“建国”三部曲中就大量启用新生代明星，利用明星的号召力提升票房收入。同时也专注电影质量，注重电影思想内涵，使其成为叫好又叫座的优秀影片。主旋律影视资源以思想性为指导，同时兼顾效益性，能够帮助主旋律影视资源获得更多的关注度，更有利于提升主旋律影视资源的影响范围。高等院校在选取主旋律影视资源时，也会充分考虑到主旋律影视资源的思想性与效益性。因此，主旋律影视资源在效果上一定要坚持思想性与效益性相契合。

当然除了主旋律影视资源之外，我国文化市场上还有其他一些类型的资源值得广大高等院校的思想政治教育人员利用，比如校园欺凌类型的影视资源就具有非常重要的思政教育意义，教师可以将其融入在教学的方方面面。校园欺凌主要指发生在学生之间的，强势一方的个人或团体故意且恶意通过肢体、语言、网络等手段，重复且持续地欺负、侮辱处于弱势一方的个人或群体的身体、精神、心理与人格等健康状态的伤害行为。而对于教育反思来说，教育作为环境的重要组成部分，与校园欺凌现象可以构成一定的因果关系，这种关系定位主要来源于校园欺凌现象的成因之一便是教育的缺失。校园欺凌与教育之间的关系使得对校园欺凌的分析必须立足于教育的大环境之中，对欺凌现象的深层动因进行挖掘，且在此基础上对现行教育的不足之处进行指认与反省。

从社会系统来看，教育属于社会的子系统，教育的研究领域和实践领域随着时代的发展呈现出与其他社会子系统的相互交织，开拓出很多新的教育知识增长的态势与局面，但是，无论是所做的教育研究，还是所进行的教育实践，基本都是从固有的教育观点、角度与理论出发。以校园欺凌事件的防治为例，通过查阅文献资料可以发现，对校园欺凌现象所进行的反思通常建立在教育的视角之下，将矛头对准教育制度、教育者，以及学校、社会和家庭之间的合作，这使得对校园欺凌的防治体系的研究局限于教育的视角，探讨如何能够将教育的效力以相对强制性的手段对学生进行学习与生活的全覆盖。但是，实质上，对于校园欺凌的防治而言，应该突破单一的教育视角，实现由教育系统向其他领域的发散，将其他社会子系统纳入到对校园欺凌防治系统的研究，以及防治模式的构建之中。从此角度而言，对影像的立场与观点所进行的有效掌握有助于教育本身综合性及开放性的进一步发展。在此，本书不对于其他资源进行探讨，留待广大读者自行分析。

第五章　高等院校思想政治教育与辅导员

应该认识到，辅导员在高等院校学生的思想政治教育中承担了非常重要的角色，有着十分重要的责任，因此，本章专门对于辅导员的相关内容进行了分析，以期更好地促使辅导员作用的发挥，为高等院校思想政治教育的发展保驾护航。

第一节　高等院校辅导员队伍的探究

在“全国高等院校辅导员年度人物”的评选活动，以及各地区、省市、高等院校的优秀表彰活动中涌现出了许多坚守在平凡岗位上的优秀高等院校辅导员。这些平台的搭建、激励机制的建立不仅是对高等院校辅导员辛苦付出的肯定，也是他们的职业和自我实现达到高度统一。同时也为他们相互学习、互通有无提供了更广阔的平台。此外，很多鼓励高等院校辅导员结合实际工作经验进行科学研究，对实际工作中不断出现的新问题、新挑战进行深入剖析，将其上升到理论高度，在高等教育学会下成立了辅导员研究分会，创办了《高等院校辅导员》作为会刊，力求形成独具特色而又丰富多彩的思想政治教育理论。由此可见辅导员的重要性，同样在思政教育中辅导员也是不容忽视的一个部分。下面，本书对于辅导员队伍的建设进行分析。

一、高等院校辅导员的工作概念

（一）高等院校辅导员的工作描述

每个社会角色与其他社会角色所产生的联系形成了社会关系。社会角色的产生主要是为了满足社会的需要，产生的角色也会随着社会的变化而不断地丰富自己的角色形象。

对于辅导员的概念来说，“辅导”的意思是帮助和指导，那么辅导员是指对学生进行辅助性帮助和正确指导的校内工作人员。大学辅导员的早期称谓是“政治辅导员”。对辅导员这一概念，看似非常简单，大家都认为自己对辅导员有所了解，但其实对辅导员的深入认知却十分模糊，主要是因为其日常行为和工作职责的繁杂，让人难以对辅导员有清晰明确地认识并给予其专属的定义。

目前，高等院校辅导员被简单地认为是学生日常事务的管理者。辅导员在高等院校中要从事和学生相关的日常工作，包括生活、学习、心理辅导、评优评奖、就业创业指导等，其方方面面都需要辅导员进行管理。有的辅导员还会承担部分教学工作。在高等院校中辅导员的工作性质还存在着专职和兼职之分，专职辅导员是指专门从事学生管理事务及思想政治引导工作的辅导员；而兼职辅导员多数是因为学院内人手不够，大多兼职辅导员是为了辅助专职辅导员工作的研究生或课时较少的在职教师。因为辅导员的主要工作对象是学生，从学生的学习到生活，这一现象使得许多人认为辅导员是一份没有专业含量的工作，实际上就像学生的“全职保姆”，院校的“勤务部”，高等院校辅导员的工作量较大，且较为繁杂。

但是结合对角色和高等院校辅导员的概念界定，高等院校辅导员角色是指在高等院校从事辅导员工作时，所呈现出的满足角色期待的行为模式。社会其他角色对高等院校辅导员角色有着专属的角色期待，且高等院校辅导员角色拥有着代表这一个体的身份与地位，行使其相应的权利和义务。

辅导员担负着学生思想道德等方面的教育职责，工作在学生思想政治教育第一线，是高等院校学生思想政治教育的重要组成部分。但是目前辅导员的角色定位也存在一定的问题，比如，辅导员管理学生的各项事务，主抓课程安排、上课出勤、寝室卫生和组织各种活动等，但是辅导员与学生之间的关系被理解为管理与被管理，忽视了教师与学生的关系。正是由于辅导员职责覆盖范围含糊，日常学生事务琐碎，工作重点难以突出，而且处于受多个部门管理和监督的学校管理机构最底层，使其教师身份时常被忽视成为不争的事实。辅导员本人容易沦为学校的边缘人物，不容易得到社会、学校和学生的认同。辅导员岗位更容易被认为是不具有专业性，而是具有很强的替代性的职位。

因为辅导员日常事务繁重和这种角色定位的不清晰，使得辅导员本职工作不能很好地发挥和展现，陷入了困境。角色定位不清，还容易导致辅导员对未来职业发展不明确，职业发展信心和动力不足，造成很多辅导员在心理上缺少归属感和成就感，不利于高等院校学生事务工作的顺利开展。

为此，我们应该认识到高等院校辅导员这一角色在高等院校乃至高等教育领域中扮演着无法替代的重要角色。相比其他在校教职工人员，高等院校辅导员的工作职能扮演着多重角色，也背负着不同人群的角色期望，是社会、学校、家庭之间的纽带，也是上级、教师、学生和家长之间的桥梁，面对着来自不同方面的期望。就国家而言，希望辅导员成为思想政治教育引导者，提高学生思想觉悟；对于学校而言，希望辅导员成为学生的良师益友，学校相关政策的良好传达者和执行者；对于学生家长，希望辅导员关心和负责离家学生的生活和学习；对于学生而言，希望辅导员不是管理者，而是知心朋友。

辅导员作为高等院校教师的重要组成部分，渴望受到社会的良好评价和认可，渴望受到任课教师同样的待遇和尊重。对个人发展空间和职业长远规划、科研和培训也有要求，而这些要求的事与愿违，则往往容易引起角色冲突。

此外，辅导员自身性格和价值取向等也可能会引起角色冲突。处理大量的学生工作和负责上下级信息的传达，这要求辅导员具有良好的交际能力和开朗的性格，更要具备较强的心理承受能力。面对日益变化的各种观念，辅导员如果不能及时转变观念应对等，对新旧观念进行调适，很可能在工作中陷入角色冲突之中。

辅导员工作与行政事务工作不同，也与一般的教学工作不同。辅导员作为大学生教育的骨干力量，应努力做到全身心投入工作，有工作热情，对学生充满感情。

而且就辅导员从业人员应该具备的职业技能与专业素养来说，这一工作不是说任何单位的工作人员、任何毕业生都能够从事的，这个岗位自成专业体系，要求从业人员有着综合技能与多门专业知识。主要包括：社团组织、社交礼仪、人际关系、就业指导、心理咨询、管理学、教育学、心理学、思想政治教育，辅导员从业人员只有在经历一系列的严格的培训和专业学习后，达到从业标准才可以正式上岗。可以清楚地认识到困扰学生的问题，做到深入理解学生所遇到的困难，用自己的经验、技能、知识提供给学生相应的帮助和引导。高等院校辅导员从业人员的无可替代性与专业化，是让从业人员心甘情愿地履行职业义务的保证。高等院校辅导员这一工作的专业化也可以通过实际的教学工作方面来体现，需要为学生讲解专业的知识，包括思想政治教育、人际关系处理等，这些都需要具备较高的专业能力，辅导员需要在这些方面不断进行提升，以此来不断增强个人的专业化水平。

辅导员工作的职业化、专业化还要求高等院校辅导员从业人员需要具备一定的科学研究能力与水平。传统的教育思维认为，高等院校辅导员这一项工作的开展仅仅是靠着相关的工作经验和人格，较高的理论水准在这一行业是不被需要的。这种传统的、落后的教育思维不但降低并阻碍了高等院校辅导员队伍的整体水平的发展，也阻碍了从业人员职业能力素养、探索新方法能力的提高。

（二）高等院校辅导员的重要价值

首先，从高等院校的管理和发展来看，辅导员应成为高等院校管理的重要力量。在辅导员的工作中，他们几乎与学校各部门都有联系。辅导员工作在学校管理的前线，有丰富的管理经验。辅导员既是学校行政、教学及科研等方面的管理者，还是学生学习和生活的管理者。因此，辅导员应积极提升自己，成为学生管理的骨干力量。

其次，辅导员是学生成才的人生导师。青年是祖国和民族的未来和希望，辅导员应担负起培养大学生的重任，成为学生的人生导师，将高等学生的人生理想、人生信念与社会主义信念结合起来，引导学生正确面对人生中的重大问题，认清人生发展的正确道路，勇于面对艰难险阻，能经受住各种考验，为国家建设作贡献。

二、当前高等院校辅导员存在的问题

（一）辅导员工作体系不科学

高等院校尚未形成科学完善的辅导员工作体系，辅导员没有专门的职业通道，工作职责不明确，使得辅导员处于院校管理体系中的底层部分，许多非本职工作都交给辅导员去完成，大量繁杂的事务影响了辅导员对学生的思想政治教育方面的投入。

例如，教务管理部门要发给各班学生四六级准考证，多数情况是发到辅导员手中再转发给学生。其实这种“代职”可能并不会在辅导员工作职责中体现，但很多辅导员就是每天在忙于应付这些“代职”工作，而搞得没有时间去顾及自己的真正职责所在。

此外，辅导员角色定位的长期不准确，也使得社会和高等院校的很多工作人员对辅导员工作的认识存在偏差，把辅导员定位为普通的学生管理者，而忽视了作为一名思想政治教育者的功能，导致学校在考虑师资培养等方面，往往忽略了对辅导员这支队伍的思想政治觉悟、道德素质等方面的考核和培训。因此，辅导员工作事务性繁重的问题，严重阻碍了辅导员队伍的科学化建设。

（二）辅导员流动性强

首先，辅导员工作流动性强、发展道路较窄，工作难以获得成就感。在高等院校内部，重学术轻管理的现象较为普遍，辅导员的社会地位不高、社会吸引力较弱，而辅导员的工作责任重大，使得辅导员存在工作上的压力，工作中经常处于紧张状态。

而且大部分高等院校都没有将辅导员工作纳入长期规划，更没有形成辅导员队伍的良性发展机制，导致辅导员的工作思想不够稳定，没有明确的发展前景，缺乏对工作的长远考虑。而且没有健全职称评定体系，晋升成难题，职业发展空间小。任课教师可以做到教授、副教授，但辅导员的出路尚不明确。虽然大多高等院校表示愿意把辅导员队伍作为学校党政后备干部培养和选拔，但毕竟这种珍贵的机会少之又少。很多辅导员辛辛苦苦干了一辈子，到退休还是初、中级职称，还在辅导员岗位上没有职称，日复一日地苦干。这样使得辅导员职业认同感低，造成队伍不稳定。

辅导员自身的研究意识也较弱，研究成果不突出，此外，辅导员队伍的年龄结构较为单一，绝大多数都是年轻教师，没有丰富的工作经验，在工作中积累的有效经验未能很好地发挥。

（三）辅导员工作的复杂性

辅导员日常管理方式也存在问题。对于辅导员的工作职责，长期以来没有明确的界定。现实中，辅导员除了对学生进行思想政治教育，还要花很多时间处理繁杂的学生日常事务性工作，甚至到教室检查学生上课纪律、去宿舍检查卫生、帮助学生寻找丢失一卡通等。“去十次教室和一次教室，在学生心里有不同感受，但在外人眼里没有多大差别”“辅导员工作是良心活儿”，很多辅导员都有这样的体会，这些苦衷是因为长期以来辅导员工作职责不明确，角色定位不清晰所致。

据调研，目前对于辅导员的管理大多采用校、院（系）双重管理模式。这种管理模式表面上看是学校各部门都对学生工作齐抓共管，但实际上造成辅导员在工作中要听命于任何一个部门的领导。辅导员工作职责的不明确使得他们要频繁的应对各种比赛、检查评比和阶段性工作，导致其本职工作——学生思想政治教育难以有效地开展。

还存在高等院校辅导员队伍的专业素质不一，知识结构和专业素养有待提高。许多辅导员的知识结构较为单一，即使接受过系统的思想政治教育，有教育学、心理学、社会学、管理学等方面的基础知识，但缺乏日常教育与管理工作的方法，导致辅导员难以对学生的问题进行科学地分析与指导。

（四）辅导员自身素质的良莠不齐

作为“塑造人类灵魂的工程师”的辅导员需具备全面的、良好的素质及知识体系，即良好的思想政治素质、较高的学识、全方位的管理能力、健康的身心素质以及开拓创新意识。在大学生心中，只有既知识全面又贴近学生的辅导员才是令他们信服的“知心朋友”“人生导师”。

经济飞速发展的今天，大学生对政治、社会经济、科技文化等都有着自己一套独特的见解，作为辅导员要想对学生的思想进行引导，又能融社会主义观点于其中，更是要求辅导员不能简单地说教，而要对自己的知识活学活用，将社会主义基本观点融会贯通，对学生进行“灌输”，这里的灌输，早已不是传统意义上老师对学生进行传授知识，而应成为具有感染力、号召力，容易让人信服的教育引导。例如，社会贪污腐败现象，社会贫富差距问题，面对这些社会现象，有些学生对社会主义市场经济提出质疑，此时作为思想政治工作教育者的辅导员老师如何解释、透析这些社会现象，并最终说服学生坚定社会主义信念不动摇，就需要辅导员具有全面的知识体系。但是，不仅很多辅导员没有掌握这样全面的知识体系和引导教育学生的能力，就连系统学习过思想政治教育专业的辅导员也很有限。其具体体现在以下方面。

第一，不能成为学生的朋友。大学生具有鲜明的个性，身心发展较为成熟，思维活跃，渴望得到尊重和关爱。辅导员只有成为学生的知心朋友，才能真正引导和影响学生。在很多大学生眼中，辅导员就是校园里最亲近的大哥哥大姐姐，他们很多困惑不愿与父母讲，与同龄人讲又得不到有效指导，所以他们渴望辅导员能够做可以和他们交流思想、探讨人生、共话情感的“知心朋友”，但是辅导员同时肩负着教育者、管理者、服务者的角色，很难在学生面前既是知心朋友又是严格管理者，既是老师又是低姿态的服务者，并且由于学生数量增多，辅导员也难以与每位同学经常深入交流，使得辅导员在满足大学生“知心朋友”的期待上存在难度。辅导员作为人生导师和知心朋友的人格魅力不足。为此，辅导员应放下身份，以平等的姿态与学生交往，从而建立与巩固师生之间的关系。但是在目前的学生思政教育与管理工作中，一些辅导员单纯将学生看作被管理者，使得学生对辅导员反感，不愿意与辅导员进行沟通交流。一支队伍的建设状况与队伍建设的指导思想有着密切的关系，辅导员指导思想的正确与否关系着队伍建设的成败得失。

第二，职业信念游移。高等院校辅导员职业信念的不坚定，在实际工作中表现为工作热情的消退及无法坚守岗位，进而选择将辅导员作为职业

“跳板”，不能饱含热情地终身从事该项事业。而这种现象在现实生活中是频发的，一位辅导员如实说道：“在现行的制度下，没有想过将辅导员工作作为终身事业，而事实也是如此，超过十年仍然奋斗在辅导员一线工作的几乎没有。辅导员中少数人会在几年之后选择辞职，这些人中有些考取了教师编制，有些读博士等。剩下大部分的在本校的辅导员会进行人事调动，调到其他行政岗位上。”

以上就是辅导员队伍建设存在的问题。可以说高等院校辅导员的困境是由多种因素综合造成的，既有辅导员自身的原因，也有学校、社会及制度设置上的因素。辅导员自身理想信念的游移在主观上造成了辅导员队伍建设的不稳定，领导和社会对辅导员角色的认识偏差，以及制度设计上的不合理更是从客观上加剧了辅导员的困境。

探究辅导员的现实困境需要去从制度设计中寻找根源，不完善的制度设计必然会成为辅导员发展的桎梏。当前高等院校辅导员工作热情的减退、队伍趋于不稳定、业务水平的低迷，以及职业认同问题很大程度上与顶层制度设计相关。这其中主要包括辅导员工作职责不合理、辅导员职称评定不科学、辅导员物质保障不充分等。

高等院校辅导员的工作涵盖九大类，二十余项内容，而且有综合高等院校教学和管理“零余”之嫌，工作任务不可谓不重，工作强度不可谓不大。诚然，日常事务管理、就业指导等工作富有一定的思想政治教育功能，但不宜“喧宾夺主”，占据辅导员大量时间、耗费辅导员大量精力。工作职责划分的不合理使辅导员背负了沉重的压力，引发了一系列困境，因此，应当完善辅导员与其他职能部门的职责划分制度，帮助辅导员“减负”。

（五）评价考核机制不科学

缺乏健全的辅导员奖励和激励机制。辅导员的待遇往往低于同期毕业的教师，评优奖励也很难落到辅导员头上。仅从一年一度的教师节“评选优秀教育工作者”活动看，获奖者多是专业教师、科研人员，只有很少比例的辅导员能够得到荣誉。这些都正在造成辅导员的心理失衡，严重影响他们工作的热情、积极性、创造力。不能很有效地对辅导员工作进行考评，因此，就很难形成对辅导员嘉奖还是惩罚的依据，也很难形成辅导员职称评定的有效参考，长期以往必将对辅导员的工作热情及上进心造成严重的影响。加之在很多人眼中认为辅导员是非职业化的过渡性职业，没有多大出息，仅仅是跑腿打杂，给本已笼罩着失落感的辅导员队伍更加容易心理失衡。同时，辅导员这支队伍的职称晋升、考核、奖励措施一直存在很多问题，这样在各类人才聚集的高等院校中更加重了辅导员队伍的职业认同感低的情绪，因此也造成辅导员队伍流动性大，难以留住好人才。

而通过高等院校辅导员工作考核机制，能够对辅导员工作进行科学合理的评价，对努力工作的辅导员表示认可，对消极工作的辅导员警告和惩罚，容易在辅导员队伍中形成赶超先进、力争上游的氛围，能够有效地刺激辅导员的责任心，督促其在工作岗位上尽心竭力地工作，并为他们今后工作树立典型、指明努力方向，充分调动辅导员工作的积极性，激发工作热情，不断完善自我，提高工作质量。考评制度不够科学完善，法治化保障不足，加上工作量繁重，容易使辅导员缺乏安全感，工作压力增大，产生职业倦怠。比如一位工作八年的辅导员曾将自己的状态形容为“忙、盲、茫”，“忙”指工作繁忙，“盲”指发展道路不明朗，“茫”指缺乏职业成就感、自豪感。职业倦怠会使辅导员降低工作热情，甚至不愿与学生接触，从而产生辅导员与学生关系过于权威化、自由放任化、情感淡漠化等不和谐因素。

因此，辅导员的工作不仅要考核，还应结合工作实际科学合理地考核，制订详尽考核条例，最好还要学生参与考核，因为对辅导员的工作他们更有发言权。辅导员是否有责任心，是否能够细心、耐心地设身处地地为学生们着想，尽心竭力为学生服务，都要制订具体详尽的考核标准逐一让学生、任课教师等打分。然而现状是，辅导员队伍建设中的难点和弱点便是缺乏对辅导员工作的系统、全面且具体的考核机制。在高等院校中，往往制订了针对任课教师的一系列考核、激励机制，而忽略了辅导员这个特殊群体，将他们放在行政人员或教辅人员中笼统地考核，就出现了考核标准缺少针对性，考核标准难以与辅导员工作对号入座，最终的奖励往往也很难落到辅导员头上。

三、高水平辅导员应具备的特征

（一）素质方面

一是优秀的道德素质。高等院校辅导员要培养学生优良品格，塑造学生的灵魂，还要向学生传授做人的道理。这就要求高等院校辅导员首先要具备良好的思想道德风范。辅导员的个人的思想道德风范对学生有重要影响，这种影响是教材、道德格言、奖励和惩罚都不具备的。辅导员良好的个人思想道德风范能够成为学生学习的榜样，良好的个人思想道德风范也能够提高辅导员在学生中的影响力和公信力，使辅导员更易于展开学生工作。辅导员良好个人的思想道德风范主要包括以下两点：第一，个人品德。高等院校辅导员良好的个人品德是指品德高尚，平等地对待学生，为人真实诚恳，对自己有严格的要求。第二，职业道德。高等院校辅导员的职业道德有三层内涵：一是高等院校辅导员要有崇高的职业信念，在工作中，要保持积极向上的心态，及时了解学生的学习情况。二是高等院校辅导员要有高尚的职业道德品质和精神品质。三是高等院校辅导员要有创新意识。辅导员要遵循因材施教的理念对其进行教育。同时，辅导员要大胆创新，改革教学模式和教学方法，更好地为学生服务。

现阶段，我国高等院校辅导员已经清晰地认识到了当今形式下，高等院校思想政治教育的作用和认识，能够将思想政治教育作为伟大的事业来完成。在工作过程中，表现出责任感、使命感、职业荣誉感和奉献精神。但要注意的是，在社会主义市场经济条件下，物质财富极大提高，人们的价值取向逐渐呈现出多元化的特点，由追求长远的目标转变为追求眼前目标，由追求精神富足转为追求物质财富，由追求集体利益转为追求个人享受。再加上在当今形式下，高等院校辅导员工作任务艰巨、工作难度高，工作责任人，而辅导员的待遇与辅导员的付出不符，一些辅导员出现心理落差，责任意识和敬业意识开始淡化，并表现为工作中的种种问题。

二是良好的心理素质。良好的心理素质能够帮助高等院校辅导员更好地完成学生工作。处理好学生工作要求辅导员要具备以下几项心理素质：第一，辅导员要对学生工作充满热情，要有耐心。第二，辅导员要有宽和的心态，面对突然出现的情况要不急不躁，面对工作上的误解要不愠不怒。学生不配合自己的工作时要平和处理，积极与学生沟通，不可粗暴对待。第三，辅导员要富有爱心。第四，辅导员要有进取心和坚定的毅力，要能够应对工作中出现的问题和挑战。

（二）能力方面

能力结构是高等院校辅导员组成部分的软件，是辅导员现代转型的中心环节，是辅导员履行职责的必要条件。高等院校辅导员能力的现代转型有别于理念的现代转型，不是对过去不良因素的消弭，而是对于过去能力的发展，是针对变化发展的社会不断丰富自己的能力体系。

第一，组织协调能力。一般情况下，高等院校辅导员要管理的学生约有一百多人，如此庞大的群体要求辅导员要具有组织管理能力和协调沟通能力。在工作中使用科学的管理方法能够培养学生的独立意识、现代生活观念和人文精神。高等院校辅导员的组织协调能力包括班级结构设计、班级人员配备、指导班级实现学习目标。班级结构设计要以班级整体目标和班级的主要任务为基础。班级人员配备要能够促进班级目标的实现。指导班级实现学习目标包括重视学习计划的作用、指导班级制订科学的学习计划、监督班级执行学习计划。班级学习计划包括班级活动的目的、时间、地点、人员安排和具体内容。班级学习计划对于班级和辅导员都十分重要，它能够帮助辅导员根据环境的变化为班级的发展制订对策。

第二，科学研究和创新能力。高等院校中的辅导员工作有实践性的特点。在具体的工作实践中，高等院校辅导员目睹了大量的问题，对这些问题，高等院校辅导员有自己的思考，但这种思考不应是建立在经验的基础上的，而是要归纳总结经验，结合以往经验，形成理论，以便为之后的工作提供指导。因此，高等院校辅导员要将传统的基于经验的工作模式转变学术型和研究型的工作模式。

第三，评估学生思想状况和需求能力。全面掌握受教育者的思想状况，精确了解受教育者的物质和精神需求，是高等院校辅导员选择正确的教育方法、载体、内容的前提条件，也是预测受教育者发展趋势和适应受教育者个性化发展的必然要求。高等院校辅导员既是教育者又是管理者，同时也是服务者，在全面推进素质教育的工作中具有重要力量。高等院校辅导员应具备服务学生的能力以扮演好服务者的角色。比如，现阶段高等院校毕业生面临很大的就业压力，毕业生急需就业指导和就业帮助。辅导员与学生的关系最为密切，在毕业生的就业指导工作中具有重要作用。高等院校辅导员应为毕业生提供必要的就业指导和就业服务，指导毕业生科学择业，减轻毕业生的焦虑。

具体来说，评估学生思想状况和需求能力主要表现在以下三点。

第一，为有困难的学生提供帮助的能力。大学生在心理上、思想上会存在着一些问题和困难之外，也会面临生活上的困难，尤其是对于一些出身困难家庭的学生而言。他们处在新的生活环境中，往往会受到外界的影响，在生活困难的情况下，他们很难有足够的勇气融入学校这样一个大环境当中。与此同时，由于受到生活条件的影响，他们难以获得良好的物质保障，可能会影响到日常的学习与生活。因此，需要辅导员老师做到及时关系，并在必要时，提供力所能及的帮助。

第二，倾听学生、爱护学生的能力。与学生缺乏交流并且无法融入学生之中，想要顺利地开展工作是困难的。学生们来自五湖四海，文化教育有所差异，这也就意味着这份工作充满着复杂性，因此，辅导员对这份工作需要具有极高的热情、不计得失、不辞劳苦地融入学生中去，了解学生们的想法，提高自身在学生中的亲和力，与学生打成一片，成为良师益友，会为工作的开展带来了很多便利。

第三，与学生打成一片，了解学生的能力。辅导员在开展日常工作方面，需要融入学生当中，这样才能够与学生有共同的语言，从而成为学生的朋友。辅导员需要对学生管理教育工作的基本知识、方法和规律都有所了解，并且时时掌握学生的心理和思想特征。辅导员需要具备高度的责任感，想学生之所想。只有这样，对学生的思想与心理动态才能及时了解，才能够采取行之有效的辅导方式。

第四，语言表达能力。思想政治教育主要通过语言完成教师和学生之间的交流。因此高等院校辅导员要具备良好的语言表达能力，能够运用逻辑严谨、形象生动的语言。语言表达能力对于高等院校辅导员来说至关重要，辅导员要掌握一定的表达技巧，使自己的语言表达准确、严密、生动。高等院校辅导员要掌握交流沟通和论辩的技巧，能够准确完整地表达自己的观点，要善于做演讲和宣讲。高等院校辅导员的语言表达还要适应学生的层次性的特点。这些学生来自不同的年龄层，有各自不同的经历，具有不同的性格和素质等。比如，对于勤奋好学的学生要使用委婉的侧面提醒的方法；对于平时不遵守学校的规章制度和课堂纪律的学生要使用严肃批评的方法，直接对其不良习惯给出严厉的警告；对于自尊心较强的学生要使用柔和委婉的语言向其讲授道理；对于性格活泼的学生要使用活泼生动的语言对其进行教育；对于学生干部要采取直接沟通的方式，直接指出学生工作中的问题；对于学习成绩处于班级中层的学生要使用激励性的话语鼓励他们努力学习。

此外，高等院校辅导员的语言表达要满足学生爱的需要。高等院校辅导员要保证能够为学生提出正确的建议，在向学生提出建议的同时还要表达对学生的尊重。高等院校辅导员如果不是发自内心的喜爱学生，那么他的语言表达将是苍白无力的。高等院校辅导员需要对学生进行严格管理，但要通过耐心的教诲实现对学生的严格管理。同时，高等院校辅导员的语言表达要满足学生获得尊重的需要。高等院校学生有较强的独立意识和强烈的自尊心，针对这一特点，高等院校辅导员应在学生工作中使用恰当的语言激发学生的自尊心，使用幽默的语言向学生讲述道理使其发奋学习，以实现在平和的语境中获得最佳的表达效果。

第五，舆情研判能力。舆情研判能力是辅导员对于舆情信息（包括网络和现实）进行追踪、搜集、总结和发掘，在此基础上对舆情及其背后事件的发展趋势做出全面性预判的能力。这是辅导员预防危机事件发生、及时引导大学生正确发展的关键性能力，也是真正做好坚持巩固壮大主流思想舆论，弘扬主旋律，传播正能量，激发全社会团结奋进的强大力量的必要技能。

第六，驾驭复杂局面的能力。高等院校辅导员要掌握一定的心理学知识和心理发展规律，并对自己的心理特征有一定的了解，以帮助自己形成对辅导员角色的具体认识。在工作过程中，辅导员要面对来自各个方面的各种各样的问题，心理状态和情绪难免出现波动，这时辅导员就需要使用心理学知识调整心态，平稳情绪，以保证顺利完成工作。此外，高等院校辅导员需要在工作过程中保持良好的情绪，这样能够提高工作效率，也能使辅导员更受学生的欢迎。

第七，网络运用能力。网络运用能力要求高等院校辅导员除了运用网络共享、多媒体、虚拟技术等实现思想政治工作办公自动化，还要熟悉和掌握现代大学生常用的微信、微博，以及直播平台等网络社交平台。

第二节　高等院校辅导员队伍建设路径分析

一、聚焦辅导员角色特点

辅导员角色特点体现在职业化、专业化等方面。辅导员职业化、专业化机制要求辅导员不断提高自身职业能力与专业水平，从而更好地提高自身的辅导工作水平。在长期实践和发展中，每一种职业都会在条件成熟时形成专属的文化。这种精神文化是该群体共同的理想信念、价值观念、职业习惯等综合而成的，反映了该群体的特征，是群体的灵魂和精神纽带。辅导员的职业文化也是如此，它能够增强辅导员个体的归属感和集体感，从而产生推动整体进步的凝聚力。

（一）职业文化要求

辅导员作为与学生接触的一线教师，各方面的学生工作都需要辅导员的直接协调与参与。这些工作包括：思想政治教育工作、宿舍管理、职业规划、学生的安全稳定、帮困助学等。由此可见，高等院校辅导员在学生工作中发挥着不可或缺的主导作用，可以保证学生工作顺利开展，学生工作离不开辅导员的统筹、指挥、协调。

目前来看，学生思想问题的解惑者是辅导员的主要角色，学生心理问题的疏导者是第二角色，学生生活与学习上的指导者是第三角色，学生教育管理的指导者是第四角色。辅导员对学生的熟悉与了解程度要比其他教师高出很多，所以在为即将毕业的学生进行就业指导与职业引导时更加得心应手，事半功倍，因此，让高等院校辅导员来担任此项工作更为恰当。职业规划这一重要工作并不是在学生即将毕业时才做的，辅导员根据每个学生所处于的不同阶段，引领学生在自我定位和职业生涯规划领域有所参与，这是在与现如今就业形式结合之下的产物，比面试技巧培训和心理辅导具有更深的层次。

此外，高等院校辅导员也同样扮演着学生的良师益友与榜样的角色，在学生中具备良好的形象有利于工作的开展。在大学期间，学生除了需要老师之外，还需要朋友，这样才能够有更多的交流，通过交流能够让学生的生活更加积极阳光。辅导员在做好教师工作的同时，还需要成为学生的知心朋友，保证学生有健康的学习心态并健康成长。

辅导员作用能否得到良好地发挥，辅导员与学生能否保持良好的亦师亦友的关系，这都取决于如何使工作方法上的创新与优良的传统有机结合，亦师亦友的良好状态可以使教育教学取得良好的效果。

虽然目前社会价值取向多元化和信息多元化，但是每个人也还是会有自己的榜样，特别是在大学期间，学生往往会从身边的老师或同学当中寻找榜样，一个勤奋做好学生工作、具备丰富学识、拥有人格魅力的辅导员，是可以成为学生的榜样的。一个想要成为学生榜样的辅导员，不但要引导学生做好自我的职业规划，还要团结学生并为学生提供温情的服务。为了在政治教育方面能够给学生带来正确的观点与方向，辅导员需要具有较高的政治鉴别力、政治洞察力、政治敏锐性、较强的法制观念、坚定的政治品格，并且认真贯彻党的方针。与此同时，身为辅导员，还需要为人师表、以身作则、廉洁、公正、谦虚、诚实、品行端正。

除此之外，为了通过多方面的交流，引领学生们树立一种正确的世界观与人生观，作为一名辅导员需要对现代知识能做到全方位地掌握，融入当代社会与学生之中。也就是说辅导员要成为现代教育的行家、心理调节的医生、教育改革的倡导者、终身学习的示范者。辅导员必须要时刻严格要求自己，积极成为学生的榜样力量，为学生做好表率作用，让学生积极按照辅导员的要求，以及良好行为进行学习与生活，成为对社会有用的人才。

由上所述，从事辅导员工作的人员应该经过相关方面的培训与教育培养，从而掌握对学生进行思想政治教育工作的方法手段，掌握学生管理事务的专业技能与理论知识，令辅导员这一职业成为一个可以长久从事的职业，这些有利于辅导员队伍管理体系与机制的建立。总的来说辅导员工作的职业化存在以下四方面要求：一是为了让广大从业人员认识到该职业的发展前景，提升工作积极性，高等院校人事部门需要设计一个辅导员考核、任职、晋升的制度改革体系，通过明文规定来确定与鼓励该职业是长期稳定发展并可从事终生的职业；二是辅导员从业人员只有在经历一系列的严格的培训和专业学习后，达到从业标准才可以正式上岗；三是加强辅导员从业人员的职业生涯规划的指导，使其发展渠道得到拓展与畅通，使其发展空间得到提升。从一定的专业方向出发，对辅导员从业人员进行培养，同时还要促进与确保工作职责的有效履行；四是对辅导员从业人员的培训与再教育要进行规范化管理，各个高等院校要依据当代大学生思想政治教育的需求，以及高等院校发展的需要，采取优胜劣汰的原则，通过定期的考核方式，对不合格的辅导员进行淘汰。

（二）加强辅导员文化建设的路径

第一，成立辅导员研究协会。精神文化具有内生性的特点，换言之，辅导员的职业文化职能依靠辅导员全体成员共同创造产生，而不能靠移植、复制而得。辅导员共同体创造文化需要依托于特定的辅导员组织，而不是散落的、单个的辅导员个体。放眼全国，关乎辅导员的协会或者组织发展不够充分，中国高等教育学会辅导员研究分会（FAR）作为全国性的辅导员协会“出场率”并不高，其官方网站建设略显滞后，版块信息少而且更新慢，有些甚至停留在 2014 年，整体上并没有发挥出其应有的作用。地区或者高等院校性的辅导员协会数量也相对较少，江苏省高等院校辅导员工作研究会、合肥师范学院辅导员协会、华侨大学辅导员协会等是为数不多的代表。需要认识到高等院校辅导员协会等组织的建立对于增强辅导员群体内聚力，繁荣辅导员职业文化是至关重要的。因此，要鼓励成立高等院校或者省市级的辅导员组织，辅导员群体规模较小的高等院校或者省市可以联合周边成立地区性的辅导员组织。更重要的是，辅导员协会等组织成立之后要切实发挥作用，凝聚地区内的辅导员个体，否则，一切都将是摆设。

第二，创办有影响力的刊物。辅导员职业文化的发展与传播还需一定的载体。期刊是承载辅导员职业文化的一种重要形式，在传播和发展辅导员职业文化，提高辅导员社会影响力过程中扮演着重要的角色。目前，比较有影响力的辅导员的文化载体主要散落在《思想政治教育研究》《思想理论教育导刊》等权威期刊，以及各大学学报的个别栏目中，辅导员工作研究分会的会刊《高等院校辅导员》，以及安徽师范大学主办的《高等院校辅导员学刊》，两个作为高等院校辅导员的代表性期刊都未被北大中文核心期刊、中文社会科学引文索引（CSSCI）收录，前者的复合影响因子为0.264、综合影响因子为0.161，后者的复合影响因子为0.341、综合影响因子为0.208。可见，辅导员的期刊还未在学界引起重大影响力，对提升辅导员教育教学理论，凝聚辅导员的职业文化作用不够明显。对此，应当大力扶持辅导员核心期刊的发展，逐步提升其在学术界的影响力，进而扩大辅导员在整个社会的影响力，为繁荣辅导员职业文化提供有力的载体。

第三，搭建合作交流的平台。辅导员职业文化的发展要在依托辅导员研究协会，以及颇具影响力期刊基础之上，努力搭建辅导员的合作交流平台。一方面，可以通过建立线上和线下的平台，拓宽辅导员相互交流学习的渠道。线上可以建立和运营辅导员专门的网站和数据库，共享丰富的资源，达到共同进步的目的，线上平台取得成功的关键在于运营和管理，要保证线上平台信息：一是“广”，即信息尽可能地全面；二是“精”，即信息的针对性和高质量；三是“快”，即信息的及时有效性。另一方面，线下要积极筹备高等院校范围内的，地区范围内的辅导员职业技能大赛、辅导员论坛、“优秀辅导员”评选等活动，促进辅导员相互合作、交流的同时，激励辅导员快速成长。

第四，构建辅导员职业化新体系。科学合理的制度体系是实现高等院校辅导员队伍职业化建设的重要前提。比如，选聘制度就是为了保障选择合适的人才进入高等院校，选择符合高等院校辅导员标准的人才进入辅导员队伍，成为其中一员。管理制度就是规范高等院校辅导员的日常行为，避免出现不合理的行为与现象。考核制度就是评价高等院校辅导员的相关工作，激励他们工作的热情与主动性，出现不合理的地方就应该及时指出，有效规避。培训制度就是优化他们的自身能力，促进辅导员队伍向着职业化的方向发展。职业发展制度就是明确辅导员的晋升与退出机制，保障辅导员队伍的持久性与稳定。

综上所述，无论是成立辅导员研究协会、创办有影响力的期刊，还是搭建合作交流的平台，主要的深层目的是繁荣辅导员职业文化，凸显专属于辅导员的文化特质，进而增强辅导员的归属感和认同感，形成辅导员群体的强大内驱力。

二、拓宽辅导员选拔渠道

根据教育部1980年发出的《关于加强高等学校学生思想政治工作的意见》中来看，辅导员应该从政治、业务都好的毕业生中选留或者从教师中选任①。这也成为当前多数院校在开展辅导员选聘时的主要渠道。但是，伴随着时代的发展、形势的变化，辅导员队伍选拔，除了传统的选留优秀毕业生、优秀毕业生及教师中选任外，参与选聘的领导与工作人员还应不断开阔视野，加强扩宽辅导员队伍的选拔渠道。

而且高等院校辅导员的选聘工作作为开启辅导员工作生涯的重要一步，选择合适的人才成为高等院校辅导员队伍中的一分子就显得尤为重要。辅导员的主要工作是对大学生进行思想政治教育，需要一定的学历、实践能力、相关经验等。这样挑选出来的人才会更好地完成高等院校的辅导员工作。所以建立严格的选聘制度是非常有必要的，遵循相关的原则，按照规定标准进行招聘。还可以鼓励高等院校专业课程的任课教师来从事兼职辅导员工作，专业课程的任课教师与学生接触的时间较长，不仅具备丰富的教学经验，还具备一定的学生基础，可以利用课上与课下的时间完成对学生的教育。选聘辅导员一定要注重规范与科学，尽量兼顾年龄结构、知识体系、实践经验、性别比例、数量结构的合理性，最大限度地优化高等院校辅导员的队伍，提升辅导员队伍的职业化水平。

（一）深入挖掘本校内的优秀人才

本校内优秀人才相较于从外校聘请的人员，他们已经在学校待了四年乃至更长的时间，对学校的基本情况、学生，以及专业等都有深刻地了解，因此，深入挖掘并鼓励此类优秀的博士生、硕士生，以及本科生参与辅导员的选拔，能有助他们更快、更好地适应辅导员的工作，提升辅导员的工作效果。

① 教育部，共青团中央．关于加强高等学校学生思想政治工作的意见．1980年4月．

（二）注重引进校外优秀人才

目前，高等院校辅导员人才引进更多来源于其他高等院校优秀的应届毕业生，在引进辅导员时应该特别注意从师范类大学中引进具有思想政治专业、教育学专业、管理学专业背景的学生。具备这些专业背景的优秀学生，他们自身具备良好的马克思主义理论素养，拥有较强的人际沟通协调能力，懂教育理论，能够深入分析学生的思想及心理动态，相较于其他专业学生更加适合辅导员这支队伍的工作需求。

此外，还要注意引进与吸收海外留学归国的优秀人才。在辅导员的选拔渠道方面，我们除了将视角放在本校及外校的优秀毕业生中，我们也可以适当地将辅导员选拔放在这部分优秀人才上面。结合时代的发展，越来越多的人出国深造并回归祖国、报效祖国，他们拥有较高的专业水平，生活经验及丰富的阅历，具备稳定的价值观，可以为学生的世界观、人生观、价值观等多方面给予帮助与指导，也更容易获得学生的信任与尊重。

（三）创新辅导员选拔方式

创新辅导员选拔方式，需要将笔试、面试和考查相结合，针对目前辅导员选拔中的不足，有针对性地进行提高，确保选拔效率与质量的双提升。从三个环节来看，应该进一步弱化笔试环节及其所占的比重，强化面试环节及其所占的比重，积极利用先进的人力资源管理理论和国内外人才选拔的经验及技术，全面综合性地考查面试人员的综合素质是否适合辅导员工作岗位与要求。与此同时，在探索该校辅导员选拔方法时，对于一些非常优秀的人员可以减去笔试环节，直接进入面试和考查，担任相关职务。并且，还实行人才储备计划和优秀人才库计划，将适合辅导员工作岗位、优秀学生管理储备干部等人才纳入相应的人才库中，对其进行有针对性地着重培养，在高等院校相应学生管理及辅导员岗位出现空缺时，便能成为其最有效的补充，在减少人力资源招聘成本的同时，提高选拔质量与效率。

（四）建立辅导员选拔的反馈机制

高等院校在开展辅导员人才选拔时是作为需求方，在完成招聘后应该及时地总结经验和不足，找出问题的解决方案。如解决人才招聘中所面非所需这一问题，招聘方学校就应该及时加强与供给方学校之间的沟通与交流，将自己的需求有效地传递给供给方，才能确保高等院校在培养人才的时候按照用人单位的需求展开，培养出适合岗位要求的优秀人才，彼此达到双赢的局面。

（五）成立专门职务聘任委员会

辅导员职务聘任委员会的主要任务就是，具体负责结合各校实际，制订辅导员评聘教师职务的具体条件，负责本校专职辅导员、专业技术职务的聘任工作。在评聘过程中要注意两点：其一，突出学生工作的重要性，尤其是对于新入职的辅导员应该侧重于工作考查；其二，坚持把教学表现、科研能力和学生工作业绩相结合的原则，协调好三个因素在考核评定中的比例，统筹兼顾到不同年龄、各有特长的辅导员。客观来说，高等院校辅导员的科研能力和精力是无法与专业教师相竞争的，所以相对难以达到职称评定的指标要求，这无形中缩窄了高等院校辅导员的晋升通道。成立高等院校专门职务聘任委员会的目的就是将辅导员与专业教师的职称聘任区分开来，以保障高等院校辅导员晋升渠道的畅通，从而保障辅导员的物质利益。

三、完善辅导员管理机制

（一）完善培训制度

当今时代，信息更新速度非常快，也需要高等院校辅导员不断充实自己。很多高等院校辅导员对职业的归属感较低，就需要高等院校为辅导员提供明确的要求，并为他们提供切实可行的培训，让每一个辅导员都可以获得充分的认识，不断提高自己。高等院校辅导员与学生的联系极为频繁，需要不断充实自己，不断接受教育，这样才可以更好地为学生解决问题。

高等院校辅导员的主要工作就是做好学生的思想政治教育工作。不仅要具备充分的专业知识，还需要与学生更好地融合在一起，这样工作才可以更好地开展，使工作实践与理论知识更好地融合在一起，这样的工作才有意义。所以，完善高等院校辅导员的相关培训体系，不断提升他们的专业素养与实践能力，可以更好地开展学生工作。还可以通过建立高等院校辅导员培训基地，形成辅导员培训的长效机制。

针对目前高等院校辅导员，开展有针对性、实践性、系统性的辅导员培训是十分必要且由重大意义的，是增强教育效果行之有效的方式。高等院校思想政治教育的多种培训包含讲座、报告、工作坊、沙龙、训练营等形式。有效地培训可以帮助刚加入工作队伍的新人迅速成长，也可以帮助一些有工作经验的工作者调整工作思路、丰富工作手段。在开展多方面培训的时候需要遵循三个原则。

第一，针对性原则。一些高等院校确实有组织许多培训，但是效果不佳，许多辅导员老师、思想政治理论课老师将其视为工作任务来应付，不但没有帮助其成长，反而浪费了大量人力、物力、财力。针对性原则就要求组织部门在组织培训是应该结合工作实际、考虑时代热点，针对当前高等院校辅导员最薄弱的环节、最缺乏的技能去组织培训，针对当下最热的思想政治教育内容去组织培训，针对大学生群体最突出的问题去组织培训，这样才能将培训落到实处，切实地帮助高等院校辅导员成长。

第二，实践性原则。实践是检验真理的唯一标准，人的思维是否具有客观的真理性，这是一个实践问题，而不是理论问题。培训也是如此，思想政治教育是一个操作性和实践性很强的工作，聆听别人的讲座报告难免有些“纸上谈兵”，因此，要多一些训练营之类的，能够让受培训者参与其中的方式，少一些大会报告的形式，这样高等院校辅导员才能更好地在实践中去反思自己过去的工作，寻找更好的方法。

第三，系统性原则。任何一项工作都是系统工程，因此应该循序渐进地、由此及彼地培养高等院校辅导员的能力。培训如果多而杂，不仅没有效果，反而会加重高等院校辅导员的工作，因为这是他们必须要完成的上级下发的任务。因此，在有针对性地选择培训之后，还要注重培训整体地系统性，要让多种培训由点串成线，达到更好的效果。

此外，面对目前高等院校辅导员专业背景多元化的现实，为充分发挥辅导员自身的学科优势及个人特长，在辅导员培训中除了要坚持针对性、实践性、系统性原则，还可以创新培训形式，进行辅导员定向培训。辅导员培训中的定向式培训是指根据每个人的学科背景或者技术特长的不同，先选择辅导员职能体系中的某一项或者某几项进行深入培训，以取得在该领域的专家地位。也就是说，先将辅导员按照“1 字形”人才培养，而后在此基础上，逐步拓宽其专长领域，转变为“十字形”人才。

例如，一位高等院校辅导员是心理学学科出身，自身对心理学也有一定的兴趣和专长，那么就可以先让其进行心理健康教育与咨询模块的深入培训，帮助其迅速在心理健康教育与咨询领域成长为专家。一般的培训可能安排比较紧凑，种类较多，要在短时间内接受职业生涯规划、心理健康教育、大学生党建工作等多方面的培训，受训者的接受效果难以保证。由此，辅导员定向式培训既是当前辅导员学科背景多元化的合理选择，还可以在较短时间内帮助辅导员成为某个领域内的专家，促进辅导员之间的相互交流和相互学习。

（二）开展职业规划

要想培养辅导员队伍建设的职业化，就需要严格按照职业化的标准来执行，制订完整的高等院校辅导员的职业规划，应该从以下四个方面着手。

第一，培养专门人才。要想实现辅导员队伍的职业化，就需要有专门的人才。高等院校应着手开设辅导员培训的相关课程，培养具有专业知识与能力的辅导员。由于我国没有专门的辅导员课程，因此，可以参照国外的课程设置，并与我国的实际情况相联系。我国高等院校会定期开展思想政治教育类的课程，可以将这类课程与思想政治教育相结合，开展思想政治教育、心理教育等。可以通过这些课程的设置实现辅导员的专业化建设。在没有培养出专门人才之前，高等院校可以选择具有一定实践经验或者接受过类似教育的人来担任高等院校的辅导员，再结合高等院校的实际情况，进一步确定高等院校辅导员的数量与结构。

第二，设立辅导员专业职称。高等院校辅导员的薪资待遇水平与专门的任课教师之间存在很大差异。就目前的发展情况来看，应该将辅导员职务评定作为一个专门的标准，纳入学校教师职务评定的体制之中。学生工作部门可以根据辅导员的工作性质，将思想政治教育职务单独罗列出来，形成指标，设置相应的职称与职务。这样一来，高等院校的辅导员就有了发展的空间与晋升的平台，可以进一步激发辅导员的工作热情，提升高等院校辅导员工作的职业化与规范化。

第三，设立专门的辅导员工作机构。高等院校辅导员的工作职责不应该是包揽所有的工作，而应该是有明确的职责划分，更不应让高等院校辅导员受到多层的管理，建立专门的辅导员工作机构，使其工作具有一定的安全感，更有利于工作的顺利进行。

第四，建立一整套的制度规范。不管是在选聘、培训、考核、晋升、激励，还是在保障制度方面，都应该有一定的制度规范，这样有利于对高等院校辅导员进行统一管理，规范人才流动的体系。

（三）健全管理和保障制度

众所周知，辅导员工资的构成包括基本工资和岗位津贴等。大部分辅导员都希望自己的福利待遇能够得到提升，完善相关的激励机制，增强他们的职业认同感与归属感。高等院校不仅要保障他们培训与进修的权利，而且还要保障他们在晋升方面的机会公平，不断增强他们的职业认同感。

高等院校应该充分认可辅导员的相关工作，适当增加他们的岗位津贴，在生活中给予适当的关心。有利于激发高等院校辅导员工作的积极性与主动性，使他们在工作中得到满足，增强归属感，产生想要长期从事这项工作的兴趣，不断增强自身的实力，不断推进辅导员职业化的进程。

辅导员的物质利益是不可回避的话题，这也是促使辅导员现代转型的物质基础。看可以从两个方面保障辅导员的物质利益：一是直接提高辅导员薪资待遇；二是疏通辅导员的晋升渠道。

1. 提高辅导员的物质待遇

马斯洛将人的需要区分为五个层次，处于最底层的需要是生理需要，即由生理决定的需要，例如对食物、住宿、睡眠的需要。在工作中，生理需要通常被转化为对更多金钱的需求和期待。因此，提高辅导员的物质待遇，改善辅导员的经济状况是辅导员实现现代转型的物质基础。

提高辅导员的物质待遇可以从几个方面入手：其一，在工资待遇上，要以教师的身份，按照他们被聘的专业技术职务确定他们的工资标准，是辅导员的工资与本校其他教师的同一专业技术职务的工资相同。其二，实行“以薪代职”。行政岗位有限，行政职级上不去，但是薪水酬劳可以上涨。对于优秀的高等院校辅导员，由于某些原因行政职级可以暂时不予评定，但是要匹配相应的薪资酬劳。其三，对于高等院校辅导员承担的相关课程的教学工作，予以课时补贴。

2. 建立合理的流动和退出机制

高等院校辅导员的“双线晋升”是比较合理的、也是我国将会长期坚持的机制。双线晋升机制提高了高等院校辅导员的工作热情，留住富有经验的辅导员，从而有利于形成高等院校辅导员合理的“老中青”队伍结构，同时，也有利于高等院校辅导员由单纯管理者向教学、服务、研究“三位一体”复合角色转换。

但是，这一机制在实际运行过程中效果并不显著，高等院校辅导员晋升缓慢，整体专家化水平较低，这主要是晋升渠道狭窄所导致的。由于行政管理岗位是有限的，且行政职位的设置都是“金字塔”形的，级别越高难度越大。建立合理的流动和退出机制有利于破除这一困境。对于优秀的高等院校辅导员要予以表彰并大胆提拔使用，对于不符合要求的、表现不好的人员要及时调整或者清退，鼓励良性竞争，保持队伍的活力。此外，对于违反有关规定和条例的辅导员可以取消或者推迟其申请晋升资格，例如，黑龙江大学规定，受记过以上处分者，延迟 2 年以上申报。受处分期间，不能申报。

（四）制定科学合理的考核制度

辅导员的工作性质决定了辅导员工作的特点，能不能得到一定的认可，会直接影响高等院校辅导员工作的热情，高等院校需要对此加强注意，制订科学合理的考核制度，保障辅导员的相关权益。为了确保高等院校辅导员的相关权益，根据高等院校辅导员的工作特点、工作范围、工作性质，制订相对科学合理的考核制度，建立健全相关的考核指标。制订之后，严格落实。也就是说建立在辅导员全面工作的领导评价体系、同事评价体系、学生评价体系、自我评价体系之上的综合考核机制。

（五）坚持养用结合

辅导员队伍是高等院校意识形态教育的主体之一，其整体素质将直接关系到高等院校意识形态工作的成效，辅导员走职业化发展道路，全面提升他们的工作能力与水平，以不断适应当前高等院校意识形态教育发展的要求，加强辅导员队伍之间的“传帮带”培养之路是其必然之路。目前高等院校意识形态教育辅导员队伍培养虽然具有一定的体系，但是伴随着意识形态与队伍本身之间的变化及实际情况的发展，需要对其进行科学规划、采用动态培养方式，不断完善大学生意识形态教育和辅导员培养队伍的创新机制。

其中最重要的就是坚持“养”与“用”相结合的原则。高等院校辅导员队伍是教师队伍、学生管理队伍的重要组成部分，是高等院校在开展思想政治教育、意识形态教育等工作的骨干力量。高等院校辅导员队伍走专业化、职业化发展道路是应对高等院校教育新形势的要求；是社会和国家的需要；是高等院校工作目标、意识形态工作目标达成的需要，同时也是辅导员自身职业发展的需要。在面临当前辅导员管理体制落后、辅导员队伍流动性增大、学历普遍较低、专业水平有待提升的整体情况下，为适应新挑战、新的时代要求，开展系统性和具有针对性的辅导员培养便显得尤为重要。在培养辅导员综合素质，使辅导员走上专业化发展道路之时，我们必须要树立起系统培训和针对性培训形结合，长期性培训和阶段性培训，养与用相结合的理念，把以马克思主义为核心的主流意识形态教育融入高等院校辅导员培养的整体工作规划当中，统筹协调好培养资源与培养节奏，既保证遵循人才培养的客观规律，同时也有针对性地加强社会培养载体及内容，使培训避免流于形式，促使其取得实际效果与此同时，还应注意辅导员的工作性质，既要开展阶段性的集中培训，同时也要有针对性地开展长期性培训，使长期性培训与阶段性培训相结合，使辅导员综合素质通过量的积累最终形成质的飞跃。最后，在利用辅导员培训促使其走专业化道路的过程中，还要秉持辅导员“养”与“用”相结合的理念，坚持在培养中使用、在使用中培养的基本理念，构建高等院校辅导员队伍的培养制度，才能切实保证高等院校意识形态教育辅导员队伍培养环境的全面优化，进而推进辅导员队伍的专业化、职业化发展之路。

（六）提升辅导员的思想内涵

一是引导辅导员“三想”。引导辅导员要为实现中华民族的伟大复兴而奋斗着想，引导辅导员为发展地方经济着想，辅导员为实现自己的人生价值、职业幸福和事业发展着想。

二是引导辅导员“三做”。要成才先成人，要引导辅导员自觉肩负起历史的使命，争做一个有崇高理想和高尚品格，能诚实守信、遵纪守法的人；要引导辅导员做一个有决心、有恒心、有信心的人；要引导辅导员做一个学识广博、视野开阔、勇于创新、敢于拼搏的人。

三是引导辅导员处理多方面的困难。一般来说，辅导员在职场中所遇到的困难，大多数可以归纳总结为以下四类：工作方面的困难、经济方面的困难、人际交往方面的困难及个人能力方面的困难。古人云“天将降大任于斯人也，必先苦其心志，劳其筋骨”，纵观中国历史，有很多有成就的人，都是在苦难中逐渐成长起来的。我们虽然不希望我们的辅导员在工作及生活中遭遇困难，但是如果遇到了困难，也不要畏惧，而应该学会怎么去解决这些困难，更不能在困难面前低头。当辅导员遇到困难时，应该用一种积极的心态来看待，把它视为是自己的一种财富，在克服困难的过程中，不断提升自己、完善自己，实现自己的人生价值。

（七）构建辅导员经验分享及交流渠道

1. 搭建工作交流平台

高等院校可以利用自己的优势，创办融合学生管理、思想政治工作、就业工作、心理健康工作、意识形态工作、安全工作等于一体的读本内部刊物，从事相关工作的教师及管理人员可以在此内部刊物中发表交流自己的工作经验的文章，一方面提升了教师的归纳写作水平，另一方面也加速了有益经验的传递，为其他教师与学生管理者提供工作参考。与此同时，有条件的学校还可以每年举行辅导员工作论坛，通过专题报告或论文的形式拓展理论实务的学习途径，也可以通过论文评优促进工作研究及经验成果的转换，或通过交流推进学生工作及意识形态工作的创新发展。另外，学院还可以开发组建网络办公系统，加强辅导员之间工作交流的及时性，全面提升工作效率。

2. 促使优秀辅导员进行专业思政教育

根据高等院校的具体实际情况，通过学院党委决定可以将优秀的辅导员纳入思想政治理论课教师队伍之中，促使优秀辅导员进行专业思政教育，参与部分思想政治理论课程的教学与研究工作。学校还可以根据辅导员的学历情况、理论研究功底、工作绩效，择优推荐辅导员进行相应的思政课的课程讲授与小班讨论指导，形成大学生思想政治教育课下与课上的有机结合，既充实了思政课教师队伍，又培养、锻炼、提高了辅导员的综合素养。

现代社会不断发展，社会中出现了很多不确定因素。高等院校辅导员主要负责学生的思想政治教育，与学生的接触也最为频繁，因此会遇到很多不确定因素。为有效应对这些不确定因素，高等院校辅导员应在实践中不断锻炼自己，分析影响学生行为和思想的各种因素，以便在面对复杂问题时能够快速判断成因，及时找出应对策略。

四、重视辅导员自身角色的发展与转变

高等院校辅导员的现代转变不是一个单一、片面的简单过程，是辅导员个体要素现代转变和队伍结构现代转变的结合，是诸多要素相互联系、相互影响的整体性过程。高等院校辅导员的现代转变包括两个向度：一是传统型辅导员向现代型辅导员转变的过程；二是现代型辅导员的深化发展过程。在这个过程中既有对过去不良因素的消弭，又有基于过去良好基础之上的补充和发展。

高等院校辅导员本身就是一个系统，是由若干彼此独立又相互联系的要素组成，辅导员的现代转变实际上就是这些要素的现代转变。高等院校辅导员的现代转型首先是理念的转变，它是整个系统现代转型的先决条件，能力的提升是辅导员现代转型的中心内容，是辅导员综合能力的全面提高，角色的转换是在与受教育者互动过程中的直接呈现。

相对于传统的理念，现代型辅导员必须转变为开放、发展、多元的理念。简单来说，理念就是人的看法和思维，它表征着高等院校辅导员的对待自我和对待学生的认识和态度，渗透在思想政治工作的内容、方式、活动等各个方面。开放的理念是对全球化趋势和现代化建设的回应，要打破传统思想政治教育局限于学校、教室、课本的弊端，将思想政治教育渗透在一切可以利用的社会生活中。发展的理念要求辅导员用发展的眼光去看待自身、学生、思想政治教育及社会。多元的理念旨在回应学生个性化和社会的多样化，打破思想政治教育的单一性和模式化。

其次是角色的转换。高等院校辅导员的角色转换是理念转变和能力提升的外在变现，体现在与受教育者的互动活动之中。角色定位的正确与否需要接受时代和实践的检验，在当下的思想政治教育环境中，高等院校辅导员需要做出几个方面的角色转换。

一是从权威角色向中立角色转换。我国历来都有师道尊严的传统，教师被推崇到与天地、君亲同等的地位。《礼记·学记》有云："凡学之道，严师为难。师严，然后知道尊。道尊，然后民之敬学。"教师的权威角色有利于理论知识的灌输，有利于教学活动的管理，但也无形中湮灭了学生的创造性。现代学界比较认同的是教师和学生的平等互动关系，强调发挥教育者的主导性和受教育者的主体性，受教育者主体性的发挥有利于思想道德由内化向外化的发展，并且在教育过程中给予教育者更多的反馈。但是，平等互动的关系是一种理想状态，但在目前的教育教学中还没有完全地实现。教育者主导性凌驾于受教育者主体性之上，受教育者主体性发挥不完全等现象仍时有发生。辅导员的中立角色除了表现为双主体互动过程中的平等的人格尊严，还体现在辅导员对受教育者群体不做带有个人色彩的价值评判。

二是从教导者角色向引导者角色转换。当下大学生群体乐于接受新事物，但是新事物并非都是符合社会发展要求的，这需要受教育者自己去甄别、筛选，但受教育者往往很难独立完成这一工作。一般而言，高等院校辅导员相比较于受教育者而言，具备更加丰富理论知识、方法技巧、人生经验，以及明辨是非的能力。所以，受教育者需要教育者予以一定的帮助。但是教导者角色带有明确的指向性，对于走向何方、如何达成等问题有确切说明，不利于受教育者思考，甚至会引发受教育者的抵触情绪和逆反心理。所以，高等院校辅导员要更多地扮演好"引路人"的角色，用科学的专业方法、扎实的理论知识通过暗示、启发的方式去引导受教育者自己感悟，进而帮助受教育者完成对新事物的认知、认同和践行。正如习近平总书记2016年9月9日在北京市八一学校考察时发表的重要讲话"广大教师要做学生锤炼品格的引路人，做学生学习知识的引路人，做学生创新思维的引路人，做学生奉献祖国的引路人。"

（一）确立现代化的发展理念

高等院校辅导员的现代转型是一项长期艰苦的事业，这一事业的完成需强大的精神动力作为“推进器”，辅导员的职业理想和发展的理念是其精神动力的来源。

发展的理念旨在打破传统僵化、滞后的理念。高等院校辅导员紧跟时代潮流，确立现代化的发展理念，用发展的眼光去看待学生和社会，同时，也要将自身视作发展的个体，主动求变，积极学习，努力实现终生学习。

首先，在整个社会现代化发展的趋势中，学生群体的发展是不可避免的。“95后”“00后”的大学生更加富有个性、勇于表现自己、极具学习能力。同时由于尚未形成稳定的价值观念和道德意识，他们也更容易受到不良因素的侵蚀。因此，高等院校辅导员要将其看作发展着的个体，全面、客观地认识他们的特点，避免用传统的眼光看待他们和用一成不变的内容实行“一刀切”的教育。

其次，要用发展的眼光看待自己，努力实现终身学习。发展的根源在于事物内部的矛盾，所以高等院校辅导员自身确立发展的理念显得尤为重要。诚如英格尔斯所概述，现代化的人具有乐于接受新的思想观念和行为方式，头脑开放并尊重不同意见和看法，对人和社会充满信心，以及乐于追求知识等特点。转型后或者转型中的高等院校辅导员应当树立终身学习的理念，主动加强学习，增强知识和素质，努力实现由单一型向复合型人才转变，以更好地应对思想政治教育过程中出现的问题。

（二）以外部环境作为保障

高等院校辅导员的现代转型需要良好的外部环境作为保障，这里主要包括社会认可和社会制度保障。社会认可程度反映了社会对辅导员存在和价值的赞同和尊重程度。良好的社会认同可以给予辅导员不竭的动力，反之，辅导员则会变得消极、沮丧，丧失转型的动力。

1. 社会认可度方面

社会认可是高等院校辅导员的社会维度，要回答的是社会是否需要辅导员，以及社会如何看待高等院校辅导员的问题。对于前者是可以做出肯定回答的。纵观古今中外，思想政治教育虽然有称呼上的不同，表现形式上的差异，但是思想政治教育作为一种普遍现象，是真实存在的，那么从事相关工作的人员也理应有其存在的价值。对于后一问题，应该说高等院校辅导员的社会地位还不是很高，高等院校辅导员这一群体还未得到人们的高度推崇和尊重。为提高高等院校辅导员的社会认可度，为其职业化成长、专业化发展和专家化成才创建良好的外部环境，可以从几个方面入手。

首先，广泛开展正名活动，用“思想政治辅导教师”统一代替“辅导员”。辅导员制度从最初1952年筹备开始，经历了1953年蒋南翔校长率先实施“双肩挑”的政治辅导员，到后来的“思想政治辅导员”，再到如今大家比较熟悉的“辅导员”称号。称呼的变化不仅是社会发展和变迁的结果，更是蕴含了其工作内容的变化，工作内容由原来的政治工作，思想工作慢慢增加、演变成现在这般“无所不包”的工作。“辅导员”的“员”具有员工、成员的意思，这就使人们容易在字面理解上将辅导员归纳为高等院校行政人员、工作人员，而隐退辅导员的教师身份。久而久之，社会对辅导员形成刻板印象。更名活动有利于破除这种刻板印象，提高社会对高等院校辅导员的认同。国内有些高等院校已经走在了改革的前沿，例如，上海交通大学已经进行改革，在相关招聘公告及报道中，已用“思政教师”取代原先的“辅导员”称呼。

其次，将职业分类大典中“高等教育教师”小类细分为若干细类，并将高等院校辅导员纳入其中。根据《中华人民共和国职业分类大典（2015）》①，辅导员并没有被单列为一个独立的职业，而只是将辅导员作为高等教育教师的一个职能。但是，如前文所说，辅导员已经符合了职业的五大特征，而且这也是辅导员职业化发展的必然要求。因此，将高等院校辅导员纳入高等教育教师下属细类之中，将“高等教育教师”细分为“高等院校专业教育教师”和“思想政治辅导教师”两个职业，这将有利于落实辅导员的教师身份，提高辅导员社会认可，促进其成功转型。

2. 社会制度方面

从高等院校和地方层面来看，需要不断丰富相关的制度和规定。例如上海交通大学出台了《上海交通大学辅导员队伍建设实施意见》，其中第五章关乎成长与发展，为完成培养期的辅导员提供了攻读博士研究生、公派出国留学、转向专职思想政治教师等多个发展路径。虽然许多举措还处

① 国家职业分类大典修订工作委员会. 中华人民共和国职业分类大典（2015）［M］. 2015年7月.

于实验阶段，但是高等院校辅导员发展的理念必须提前确立，因为理念是行动的指南，对行动具有指导作用。从国家层面来看，进入21世纪以来，中共中央、国务院及教育部等先后印发了《中共中央国务院关于进一步加强和改进大学生思想政治教育的意见》《普通高等学校辅导员队伍建设规定》《高等学校辅导员职业能力标准（暂行）》①《普通高等学校辅导员培训规划（2013-2017年）》② 等一系列指导性文件，为辅导员的发展提供了政策上的指导。在此基础上，国家还可针对当下备受关注的辅导员职称评聘、晋升等问题出台相关文件和规定，并适时地将某些规定纳入法律法规中，为辅导员的现代转型提供更加完备的制度保障。

五、提高各项工作的能力与水平

（一）授课能力

提高辅导员思想政治教育课授课能力，一方面，要充分发挥大学生的主体作用，改变传统单向教育模式，加强师生互动，如山东大学自2014年开始形势政策课改革，让学生以小组为单位走上讲台讲课，辅导员随堂点评，在师生互动中提高授课效果。另一方面，要优化教学内容，挖掘教育素材，将理论教学与学生实际生活相结合、与全球化背景相结合，既能以“接地气”的内容吸引学生学习兴趣，又可以与国际接轨，将党政国策讲实讲透，改善课堂教学氛围。

（二）网络新媒体运用能力

利用网络新媒体与学生互动交流，弥补现实面对面交流较少的不足；可以利用网络及时发现大学生思想动态和关注焦点，敏锐地预判一些苗头性、倾向性、群体性问题。比如，高等院校可以建设辅导员微信公众号。在这方面应该注意以下两方面。

---

① 教育部．高等学校辅导员职业能力标准（暂行）．2014年3月．

② 中共教育部党组．普通高等学校辅导员培训规划（2013-2017年）．2013年五月．

1. 理论支撑

(1) 明确自身发展的学科领域，重视提升知识底蕴

在微信公众号建设中，辅导员所扮演的角色仍然是教育者、管理者、服务者的统一，从事工作仍然以思想政治教育为先。当前，辅导员队伍专业背景多样。在同一工作领域，辅导员以各自不同的学科背景为支撑，势必无法形成良好的专业发展趋势。另外，没有良好的学科支撑自然无法满足“政治强”所要求的扎实理论功底和深厚知识底蕴。因此，明确自身发展的学科领域是推进辅导员职业能力发展的基本起点。

辅导员工作始终与思想政治教育站在同一阵线诠释立德树人意蕴。在工作实践中，尤其是在瞬息万变的移动互联网时代，辅导员首先需要摆正自我位置，坚持加强政治素养，加强自我角色认知，剔除“吃老本”、因循守旧、得过且过的病态心理，明确自我发展主要在于关于思想政治教育这一专业知识，主要依靠思想政治教育这一专业知识，主要为了思想政治教育这一专业知识”。

此外，辅导员要通过阅读相关书目、参加学术讲座及行业交流活动，进行思想政治教育科研立项，攻读思想政治教育博士学位等，把思想政治教育学科作为自我发展的核心基础。

辅导员应当坚持把党的方针政策嫁接在辅导员微信公众号中，运用党言党语、学言学语、网言网语开展“有底气、有硬气、有理气”的线上教育。“萌哥有话说”中的“思政笔记”栏目、“仍然在路上”中曲建武老师的谆谆教诲就是典型先例。

(2) 坚持以思想政治教育为主，丰富知识内涵外延

理论在辅导员微信公众号建设领域实现的程度，取决于辅导员工作的需要程度。辅导员工作是一份高度综合而又细致分化的“做人的活”，无论是线上教育还是线下指导，其所涵盖的教育管理范围涉及学生成长成才的思想、道德、学业、心理、情感、生活、就业等方方面面，所从事的业务包括思想辅导、道德教育、学业指导、心理疏导、情感帮助、生活引导等各个层面。广泛的工作范围要求辅导员在微信公众号建设中，不仅仅需要有思想政治教育学科理论作为主体性知识基础，以顺利完成贯穿公众号建设始终的网络思想政治教育使命，还需要包括教育学、心理学、管理学、行政学、社会学、法学等拓展性学科知识，以高效落实蕴含在公众号

建设中的学生管理、学风建设、党团要务、团队发展等方面的工作任务。

随着新媒体时代环境的变化、学生思想的发展，辅导员在微信公众号的良性互动中还需要随时应对各种情况。因此，必须把音乐学、美术学、计算机学等延伸性学科纳入辅导员知识系统中，以更广的知识面、更深的知识底蕴、更扎实的理论功底，更好地应对新情况和新问题。虽然“业务精”需要辅导员综合各门学科形成理论外延，但仅仅依据辅导员微信公众号进行当前需要的理论推演，势必无法形成合理、完善、系统的结构，且容易造成“知识散架”局面。理论外延需要紧紧依靠中心拓展，即以思想政治教育学科理论为中心，以其他相关学科知识为补充，在实践中探索思想政治教育内在规律，致力于解决大学生思想政治教育过程中的各种矛盾和问题。

（3）把握相关规律和基本关系

第一，把握好时代发展与利用辅导员微信公众号进行思想政治教育的整体与部分的关系。在辅导员微信公众号建设中主动适应时代变化发展，善于把握机遇、积极应对挑战，根据时代发展要求更新微信公众号建设的方式方法，为时代的发展贡献一己之力。

第二，把握好指导理论与具体方法“不变”与“变”关系。在进行微信公众号建设中仍然要以不变的马克思主义政治立场应对不断变化的新环境，以不断变化的具体方法应对不断变化的新形势和新问题。

第三，把握好教育主体与教育载体的关系。在辅导员微信公众号建设中，教育主体始终是辅导员，工作重心仍然是现实中的教育管理，微信公众号只是推进工作和自身发展的载体，二者不可混淆，更不可替代。

2. 内容优化

在平台争先、用户饱和的新媒体时代，辅导员在微信公众号建设中要完成微信推文的阅读、分享、点赞三大硬性指标，以及教育和引导的两大软性指标，就必须坚持以内容为中心，把握政治性、特色性、趣味性，在主题选择、推文撰写、栏目设计、语言风格等方面既做到向上向善，又做到投其所好。

（三）增强与学生之间的和谐关系

1. 加强沟通

辅导员与学生之间主要的交往形式是对话，有效的沟通是构建辅导员与学生和谐关系的重要途径。首先要健全沟通交流制度。一是要与学生每周或每月定期开展谈话交流，形成长效的交流机制。二是做好及时交流，面临突发事件和关键节点时，与学生开展特定主题交流，此外，灵活利用如新生入学、户外实践、群体聚餐甚至路边偶遇等机会，抓住时机开展谈心谈话。其实只有学会聆听，才能开启真正的沟通，同时学生也会有对辅导员的天然倾向性，更加愿意说出内心想法。三是要注重平等沟通，建立轻松活泼的谈话环境，一位老辅导员曾用“一杯茶水，坐着说话”为题的短文生动表达了营造平等、放松的氛围对良好沟通的重要意义。四是要情理交融，既要针对学生理性因素强的特点，重视理论说服，又有针对其丰富、敏感的情感，重视情感教育，做到晓之以理、动之以情，如大连海事大学曲建武教授提到的——思想政治教育就是讲道理，学生认为你讲得对，就会服你，当然教育过程中还需要情感的润色。五是少用、善用批评，批评本身容易让人产生本能防御和抵抗，引起情绪波动等不太舒服的应激反应，一旦批评多了，就容易积蓄学生怨气。而当学生确实需要批评教育促其进步时，一定要注意用语、场合，把握分寸，这样，自然会让学生心悦诚服。

2. 坚持正确的学生观

树立正确的学生工作理念，提高人性化水平，也会极大增强辅导员在学生中的影响力、感染力，这些有助于解决辅导员对大学生过度保护化、二者间矛盾冲突化等问题。“学生观”是学生工作的指导思想和基本出发点，树立怎样的学生观直接影响着辅导员的工作方式。

第一，以促进学生全面发展作为工作目标，以学生评价反馈为衡量指标。具体来说，一要强化问题意识，针对学生关注的热点、难点问题进行考查研究，给学生答疑解惑；二要关注学生切身需求，解决学生实际困难，以解决具体问题促进思想和心理问题解决，如大连海事大学曲建武教授在访谈中讲道：“在新生入学后，在最短时间内翻阅所有档案，与每人谈话，了解学生思想状况和基本信息，寻找工作切入点”；三要关注特殊学生群体，面对由于心理、经济、学业、就业问题等造成的“问题”学生逐渐增多，辅导员要耐心询问、积极疏导，保证学生层面整体健康发展。

第二，尊重与赏识学生，宽容与理解学生。辅导员要将学生看作思想政治教育的合作者、共同体，主动与之构建师生平等对话关系，如山东大学施行辅导员“四进制度”，让辅导员进宿舍、进课堂、进操场、进网络，主动抓住一切机会与学生沟通交流。

要在沟通中主动向学生话语体系靠拢，如 2014 年新闻联播一段“2013 爱你一生，2014 爱你一世”小“卖萌”引起网友热赞，其实在师生交流中，适当引用大学生喜爱的网络话语，可以更加贴近学生生活，拉近二者距离。在师生交往中，辅导员要学会表扬和鼓励学生，尤其是对所谓“差生”更要多一些关爱、赏识，不要轻易批评，不要轻言教育，要尊重学生任何一点成果，让学生敢于也乐于在其面前展示自我、吐露心声。学生出现思想和言行上的错误难以避免，辅导员要在一定程度内允许学生出错。对于“犯错”的学生，辅导员要讲求民主，给学生“辩护”的权利，根据学生特点循循善诱、谆谆教导。要始终相信宽容与理解是培养师生感情最好的催化剂。

3. 做到严慈相济

辅导员尤其是年轻辅导员往往在平衡“严”与“慈”时把握不好尺度，出现过严或过松，如一篇辅导员界流传很广的文章《那些辅导员想不通的事》中就提到，很多年轻辅导员受老辅导员“先严后松”方式的影响，由于把握不好尺度，往往会走向极端，将“严”变成某种“专制”“暴政”，遭到学生的质疑与抵触。还有一位中南大学辅导员在《辅导员是辅导员还是教导员》一文中写到：由于自己过于放任学生，基本不用批评，事事亲力亲为，最终使学生缺乏基本师生礼仪，执行力与自主能力差，个性太过突出，把学生惯坏了。因此辅导员要掌握好“严”与“慈”的平衡度，将“管理”与“引导”相结合，运用好刚柔相济的工作艺术。

总之，高等院校辅导员是提升其职业素养的行为主体，起着内生动力的作用。在提升高等院校辅导员的职业能力和职业知识层次水平方面，发挥高等院校辅导员主观能动性，能形成一种职业素养自觉提升的意识和习惯，从而使其职业能力和职业知识得到持续不断的提升和更新。因此，高等院校需要重视高等院校辅导员价值诉求。坚持以人为本，在管理机制上，高等院校要建立交流激励机制，联通社会交流渠道，鼓励高等院校辅导员参与地方政府人才交流和挂职锻炼，拓宽高等院校辅导员视野和见识。在培养发展上，高等院校要给予辅导员更多的培训、学习机会，大力加强高等院校辅导员的培养和锻炼，对优秀辅导员进行重点栽培。学校需要多措施并举，鼓励高等院校辅导员开展调研并进行创新。采取评先评优、物质奖励、精神鼓励、提拔晋升等多种措施激励高等院校辅导员在实际工作中，开展调查研究，分析教育对象、教育环境等变化，适时改变自身工作思绪及方式方法；应用新媒体，进行思想政治教育工作创新，增强和提升思想政治教育的效果和针对性，真正做到高等院校辅导员职业能力和职业知识的提升。

可以说，思想政治教育育人工作成效关乎于高等学校学生人格的健全和全面发展，对于我国的发展也有着至关重要的作用。在新时代，构建内涵目标、过程等都全面丰富的高等学校思想政治教育，是应对世情国情对高等学校人才培养提出的新要求，是立足国家政策文件和高等学校实践，推进高等学校思想政治育人工作一体化发展的必由之路，是提高我国高等学校人才培养素质，完善高等学校人才培养体系，提高社会主义高等学校的国际影响力的有力手段。而思想政治工作创新也是一个时代性的课题，每个时代都有其独特性。只有做好思想政治工作才能切实促使学生得到良好发展。只有这样，我们祖国的未来，我们民族的未来，才能得到充分的保证。不管是作为新时代的教育者还是受教育者，都需要从自身实际出发，充分将思想政治工作作为重中之重，以此保证社会主义建设方向的稳步推进，从而促使我们国家和民族得到更好的发展。

本书通过对我国高等院校思想政治工作演变的分析研究，针对整个思想政治工作的脉络始终围绕着“学生”这个根本展开，从客观条件、参与者、参与方式、时代变化等方面对存在问题进行了阐释。有些问题受时代性和客观性影响，有些问题则是参与者和参与方式所造成，这些问题困扰着基层思想政治工作工作的开展，也是本书提出创新方法的根本来源。针对问题，本书从内容创新、方法创新等三方面给出了对策和建议。在整本书的撰写过程中，参考了很多校内外的相关资料，但限于公开和篇幅的要求，对有些理论的表述未能过于具体化。希望本书的一些观点，能对同等性质的基层单位开展思想政治工作提供一些有益的借鉴和帮助。

参考文献

[1] 吴满意，景星维. 精准思政：内涵生成与结构演化［J］. 学术论坛，2019，42（5）：133-139.

[2] 卢黎歌，耶旭妍，王世娟，等. 统筹推进大中小学思政课一体化建设研究——学习习近平总书记在学校思想政治理论课教师座谈会上的重要讲话精神笔谈［J］. 北京工业大学学报（社会科学版），2020，20（1）：9-25.

[3] 王丹丹. 职业教育“课程思政”研究现状与展望［J］. 中国职业技术教育，2020，（5）：46-51.

[4] 杨修平. 高职英语“课程思政”：理据、现状与路径［J］. 中国职业技术教育，2020，（8）：36-41.

[5] 鄢显俊. 论高校“课程思政”的“思政元素”、实践误区及教育评估［J］. 思想教育研究，2020，（2）：88-92.

[6] 王学俭，石岩. 新时代课程思政的内涵、特点、难点及应对策略［J］. 新疆师范大学学报（哲学社会科学版），2020，41（2）：50-58.

[7] 赵富学，陈蔚，王杰，等. “立德树人”视域下体育课程思政建设的五重维度及实践路向研究［J］. 武汉体育学院学报，2020，54（4）：80-86.

[8] 李梁. 信息技术与思政课教育教学的深度融合研究［D］. 上海：上海大学，2017.

[9] 谷照亮. 个性化学习视域下大学生思想政治教育创新研究［D］. 成都：西南交通大学，2017.

[10] 谢继华. 大数据视阈下高校网络思想政治教育创新研究［D］. 成都：电子科技大学，2018.

［11］孙在丽．新时代我国普通高等学校思想政治理论课教师队伍建设研究［D］．中共中央党校，北京：2019.
［12］戚静．高校课程思政协同创新研究［D］．上海：上海师范大学，2020.
［13］胡洪彬．课程思政：从理论基础到制度构建［J］．重庆高教研究，2019，7（1）：112-120.
［14］韩宪洲．深化“课程思政”建设需要着力把握的几个关键问题［J］．北京联合大学学报（人文社会科学版），2019，17（02）：1-6；15.
［15］王学俭，许斯诺．“理直气壮开好思政课”的战略意义、力量来源、基本要求和实践举措［J］．新疆师范大学学报（哲学社会科学版），2019，40（4）：15-24.
［16］刘燕莉，李浩野，陆涛．“思政融通”——思政教育新模式研究与实践［J］．研究生教育研究，2019，（4）：57-63.
［17］王茜．“课程思政”融入研究生课程体系初探［J］．研究生教育研究，2019，（4）：64-68；75.
［18］张晓东．“三全育人”理念下高校图书馆思政教育路径与对策研究［J］．图书馆工作与研究，2019，（7）：33-37.
［19］杨晓慧．关于高职思政课程引领协同课程思政的探讨［J］．教育与职业，2019（18）：80-84.
［20］何玉海．关于“课程思政”的本质内涵与实现路径的探索［J］．思想理论教育导刊，2019（10）：130-134.
［21］罗仲尤，段丽，陈辉．高校专业课教师推进课程思政的实践逻辑［J］．思想理论教育导刊，2019（11）：138-143.
［22］胡华．高职院校“课程思政”建设的价值意蕴与路径探索［J］．当代职业教育，2019（6）：88-95.
［23］丁国浩．问题意识导向下的高校思想政治理论课教学研究［D］．上海：上海大学，2013.
［24］朱梦洁．“课程思政”的探索与实践［D］．上海：上海外国语大学，2019.
［25］刘丽明．高职院校思想政治理论课教育教学的现状分析及对策研究［D］．昆明：云南大学，2014.

[26] 王守兰. 高校思政课网络教学平台应用中的问题及对策研究 [D]. 无锡：江南大学，2015.

[27] 陆道坤. 课程思政推行中若干核心问题及解决思路——基于专业课程思政的探讨 [J]. 思想理论教育，2018 (3)：64-69.

[28] 赵兴. 高校思想政治理论课教学吸引力问题研究 [D]. 武汉：华中师范大学，2014.

[29] 付晓玲. 思政课落实“立德树人”根本任务的路径研究 [D]. 芜湖：安徽工程大学，2017.

[30] 杨柳. 慕课背景下高校思想政治理论课的实效提升研究 [D]. 济南：山东大学，2016.